Hyogo

兵庫の教科書

大人のための
地元再発見
シリーズ

JN027155

Hyogo
兵庫の教科書

CONTENTS

時代		西暦	元号	兵庫の歴史	日本の歴史
地質時代	中生代白亜紀	約1億1000万年前		タンバティタニス・アミキティアエやトロオドン類など多数の恐竜が生息	
	新生代新第三紀鮮新世	約500万年前			日本列島がほぼ現在の形となる
	新生代第四紀更新世	約260万〜77万年前		この時期の地磁気が現在と反対だったことが、玄武洞の地層から判明	
		約100万年前		六甲変動と呼ばれる地殻変動が始まる	
		約30万〜20万年前		六甲山が現在のような姿に	
原始時代	縄文時代	約6000年前		玄武洞が姿を現す	温暖化で海面が上昇
	弥生時代	前300頃			稲作技術が広がる
		弥生時代後期		淡路島に大規模な鍛冶工房集落が形成される	
古代	古墳時代	3世紀後半			ヤマト政権が成立
		4世紀末〜5世紀初期		五色塚古墳が築造される	
	飛鳥時代	645	大化元		大化の改新
	奈良時代	710	和銅3		平城京遷都
		奈良時代初期		『播磨国風土記』が編纂される	
		729〜749	天平年間	行基が摂播五泊を築く	
		752	天平勝宝4		東大寺大仏開眼
	平安時代	794	延暦13		平安京遷都
		807	大同2	生野鉱山が発見される	
		1112	天永3	鶴林寺太子堂が建立される	
		1162	応保2	平清盛が大輪田泊の改修に着手	
		1169	嘉応元	平清盛が福原に居を構える	
		1171	承安元	一乗寺三重塔が建立される	
		1174	承安4	平清盛が大輪田泊に経ヶ島を築く	
		1180	治承4	安徳天皇らが福原滞在(福原遷都)	
		1184	寿永3	一ノ谷の戦い	
中世	鎌倉時代	1185	元暦2		壇ノ浦の戦いで平氏滅亡
		1194	建久5	浄土寺の阿弥陀三尊立像造立	
		1197	建久8	浄土寺本堂(阿弥陀堂)が完成	
		1221	承久3		承久の乱
		1274	文永11		文永の役
		1281	弘安4		弘安の役
		1293〜1299	永仁年間	太山寺本堂が再建される	
	室町時代	1333	元弘3		建武の新政(〜1336)
		1336	建武3	湊川の戦い	
		1346	正平元	姫路城の前身となる城が築かれる	
		1397	応永4	鶴林寺本堂が建立される	
		1413	応永20	朝光寺本堂が建立される	
		1443	嘉吉3	この頃竹田城が築城されたと伝わる	
		1467	応仁元		応仁の乱(〜1477)
		1542	天文11	生野鉱山で本格的な採掘が始まる	
		1546	天文15	黒田官兵衛が姫路城で生まれる	
		1567	永禄10	黒田官兵衛が姫路城代になる	
		1573	天正元		織田信長が足利義昭を追放し室町幕府滅亡
	安土桃山時代	1578	天正6	黒田官兵衛が有岡城(伊丹城)に幽閉される	
		1581	天正9	前年に黒田官兵衛から姫路城を譲り受けた羽柴秀吉が3層の天守を築く	
		1582	天正10		本能寺の変
		1590	天正18		豊臣秀吉の小田原攻め
		1600	慶長5	池田輝政が姫路城主になる	関ヶ原の戦い

時代		西暦	元号	兵庫の歴史	日本の歴史
近世	江戸時代	1603	慶長8		徳川家康が江戸幕府を開く
		1617	元和3	本多忠政が姫路城主となり、現在の城の全容が整う	
		1645	正保2	赤穂藩主池田輝興が正室や侍女を斬り殺す(正保赤穂事件)	
		1701	元禄14	赤穂藩主の浅野内匠頭長矩が江戸城で吉良上野介を斬りつけて改易となり、翌年、赤穂四十七士が吉良邸に討ち入って仇討ち後、切腹(元禄赤穂事件)	
		1705	宝永2	生野鉱山が最上級の鉱山である御所務山に指定される	
		1853	嘉永6		ペリー率いる米艦隊が浦賀に来航
		1862	文久2	赤穂藩の下級藩士が家老らを暗殺し、後に仇討ちに遭う(文久赤穂事件)	
		1867	慶応3		徳川慶喜が政権を返上(大政奉還)／王政復古の大号令
近代	明治時代	1868	慶応3・4／明治元	生野鉱山が日本で最初の官営鉱山となる／神戸開港(慶応3年12月7日)／神戸事件発生	戊辰戦争始まる／江戸城無血開城
		1869	明治2	外国人居留地の完成	東京遷都／版籍奉還
		1871	明治4		廃藩置県
		1875	明治8	柳田國男、神東郡田原村辻川(現・福崎町西田原)に生まれる(～1962年没)	
		1876	明治9	生野鉱山と飾磨港(現・姫路港)を結ぶ銀の馬車道が完成	
		1877	明治10	南京町の形成が進む(明治10年代)	
		1886	明治19		日本の標準時が東経135度地点と制定
		1887	明治20	異人館の建築が進む	
		1894	明治27		日清戦争(～1895)
		1899	明治32	外国人居留地の日本返還	
		1904	明治37		日露戦争(～1905)
		1910	明治43	明石市に初めて子午線通過地を示す標柱が立つ	
	大正時代	1913	大正2	志賀直哉が逗留先の城崎温泉で『城の崎にて』を執筆(1917年発表)	
		1914	大正3	宝塚少女歌劇第1回公演	第一次世界大戦(～1918)
		1923	大正12	谷崎潤一郎が兵庫県へ移住、以後、主に県内を転々とする	関東大震災
		1924	大正13	阪神甲子園球場が開場	
現代	昭和時代	1931	昭和6	明石原人(?)の人骨発見	
		1938	昭和13	阪神大水害	
		1941	昭和16		日本が米・真珠湾を攻撃し太平洋戦争へ
		1943	昭和18	兵庫での暮らしを題材とした谷崎潤一郎の『細雪』が連載開始	
		1945	昭和20	神戸大空襲／日本海軍の海防艦2隻が米国の潜水艦に香住沖で撃沈される(香住沖海戦)	天皇が「終戦の詔書」を放送
		1946	昭和21	手塚治虫が漫画家デビュー	
		1956	昭和31	姫路城の昭和の大修理(～1964)	
		1973	昭和48	生野鉱山が閉山	
		1979	昭和54	神戸市北野町山本通が重要伝統的建造物群保存地区に選ばれる	
		1981	昭和56	神戸ポートアイランド博覧会(ポートピア'81)開催	
	平成時代	1993	平成5	姫路城の世界遺産登録	
		1995	平成7	兵庫県南部地震(阪神・淡路大震災)	
		1998	平成10	明石海峡大橋が完成	
		2009	平成21	姫路城の平成の大修理(～2015)	
		2015	平成27	松帆銅鐸が発見される	

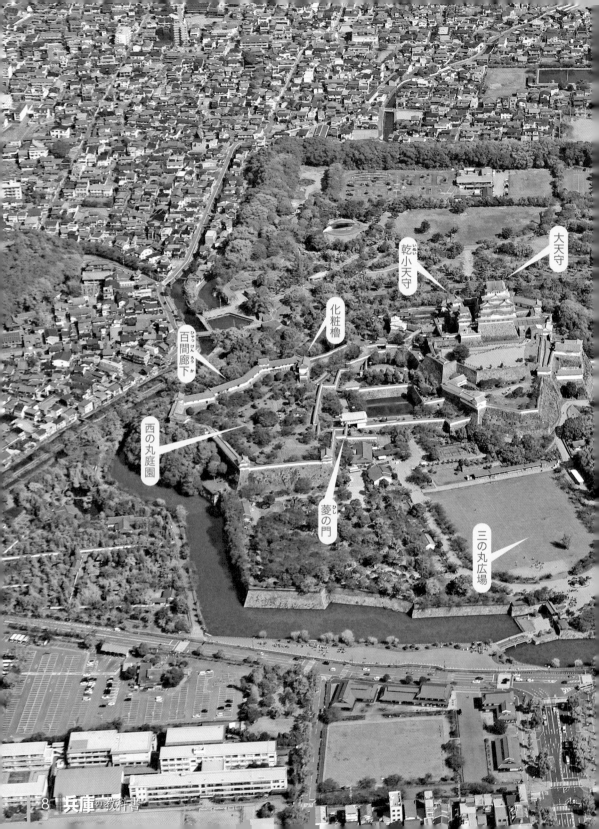

大天守

乾小天守

化粧櫓

百間廊下

西の丸庭園

菱の門

三の丸広場

兵庫の ユネスコ 世界遺産

平成5年(1993)に、奈良の法隆寺とともに日本初の世界文化遺産に登録された姫路城。人間の創造的才能を表す傑作であることと、歴史上の重要な段階を物語る建築物やその集合体、景観を代表する顕著な見本、という2つの登録基準を満たした。

①②③④⑤⑥⑦⑧⑨

姫路城

17世紀初頭に現在の姿になった姫路城は、防衛面の優れた機能性と、"白鷺城"の異名を持つ白漆喰の優美な外観が特徴。17世紀初頭の日本独自の城郭建築の構造を示し、日本の木造建築の最高峰に位置づけられている。

❶建造物のほか、曲輪や堀、三の丸跡も含め、世界遺産の範囲となっている

❷菱の門。かつて80以上あったとされる門のうち、現存するのは19。それ
ぞれ造りや用途が異なるが、菱の門は城内最大で、入り口を固める櫓門で
もある。冠木（門柱上部の横木）に花菱の紋があることから、この名がついた。
桃山建築を象徴する優美な門である

❸2015年に完了した平成の大修理の結果、屋根先端部の隅棟まで白漆喰
が塗り直され、上に乗る隅棟鬼飾りも磨き上げられて造形美が際立つことに

❹❺❻白壁には、丸や三角、長方形の狭間が約1000個も残る。狭間とは
見張りのほか、弓や鉄砲で攻撃する際の窓。幾何学デザインが美しい

❼海抜45.6mの姫山に立つ天守閣は、14.85mの石垣上に31.5mの建物が
あるため、天守閣自体の高さは海抜約92m。市内各所から見える姿は壮観

❽西の丸にある百間廊下は、長局のうち身分の高い者が暮らした部屋が続
く場所。最上部の化粧櫓は、千姫が輿入れの際に持参した化粧料（持参金）
で建てられ、千姫の居室にもなった

❾大天守と同時期の慶長14年（1609）建造の乾小天守。大天守の北西にあ
ることから、その方角を示す「乾」の名がついた。3つの小天守のうち最大
規模で、唐破風と入母屋破風が連なる優美さも群を抜く

兵庫の国宝

兵庫県の国宝建造物としては、姫路城（☞P8〜11）の大天守や乾小天守、西・東小天守、イ〜ニの渡櫓なども指定されているが、ほかに6つの寺院建築と、1件の仏像が美術工芸品として国宝となっている。それらを紹介しよう。

❿⓫ 木造阿弥陀如来及両脇侍立像

小野市にある浄土寺浄土堂に安置されている木造阿弥陀三尊立像は、鎌倉時代の名仏師、快慶の傑作で県内唯一の国宝仏像。雲形台座の上に阿弥陀如来と両脇侍の観音菩薩と勢至菩薩が並ぶ。背後から西日が照らす夕刻、御来迎を見るようだ。

❿⓫建久5年造立。本尊の像高は5.3m、本尊の両手の上げ下げと両脇侍の配置は一般的な配置と逆

⓬ 浄土寺浄土堂（阿弥陀堂）

浄土寺は、源平合戦で焼失した東大寺再建のため、大勧進職についた重源上人が建立した東大寺別所の一つ、播磨別所として建久8年（1197）に完成。天井を張らない化粧屋根裏と呼ばれる造り。東大寺と同様の大仏様（天竺様）が採用されている。

⓬本瓦葺、宝形造の浄土堂。現存する大仏様の建物は、東大寺の南大門とこの浄土堂のみ

❿

⓬

⑬ 一乗寺三重塔

加西市にある一乗寺は、孝徳天皇の時代の白雉元年(650)創建と伝わる古刹。三重塔は県下に現存する最古の塔婆で、承安元年(1171)の建立とされる。蟇股や組み物、天井や九輪などの細部に、平安時代末期の塔として貴重な時代の特徴を伝えている。

⑬高さ約21.8m。三層目は初層の半分の大きさ。相輪の高さが、全高の3分の1にあたる約7mという構造も特徴だ

⑭⑮ 太山寺本堂

神戸市西区の太山寺は、大化の改新の立役者、藤原鎌足の子、定恵を開山とする寺で、鎌足の孫、藤原宇合が霊亀2年(716)に建立したと伝わる。永仁年間(1293～1299年)に再建された本堂は、日本風の和様に中国風の唐様を取り入れた造り。

⑭幅20.82m、奥行き17.76mの密教本堂の建物。朱塗りの柱や蔀戸が印象的。銅板葺、入母屋造
⑮中門から本堂を望んだ様子

⑯ 朝光寺本堂

加東市の山間に佇む鹿野山朝光寺は、白雉2年（651）に法道仙人の開創と伝わる高野山真言宗の寺院。現在の本堂は、応永20年（1413）の建立。和様を基調に唐様と天竺様の要素も取り入れた建築は、室町時代初期の折衷様式の典型例とされる。

⑯内部は、敷居と格子戸で外陣と内陣に分けられ、内陣奥に本尊が安置されている。屋根は本瓦葺で宝形造

⑰ 鶴林寺本堂

加古川市にある鶴林寺は、高僧・恵便法師を慕って播磨を訪れた聖徳太子の命で創建された刀田山四天王寺聖霊院が始まりと伝わる。天永3年（1112）に鳥羽天皇によって勅願所に定められたことから寺号を鶴林寺に。本堂の建立は、応永4年（1397）。

⑰本堂は、平安時代の和様から鎌倉時代初期の大仏様、禅宗様が導入された折衷様式の代表例とされる

⑱ 鶴林寺太子堂

天永3年に法華堂として建てられたが、太子信仰の流行に伴い、太子堂とされ、礼堂が付け加えられた。それが、宝形造の建物の前方に、本体の屋根から突き出た1間の片流れの屋根が張り出す縋破風部分。絶妙なバランスが特徴の造造物である。

⑱桁行3間、梁間3間、一重、檜皮葺、宝形造の太子堂は、平安時代後期の藤原建築の美を今に伝える

元町駅(JR)

神戸三宮駅(阪急)

三ノ宮駅(JR)

東海道本線(JR神戸線)

トアロード

いくたロード

① 三宮駅(ポートライナー)

② 神戸三宮駅(JR)地下

③ 神戸三宮駅(阪神)地下

大丸神戸店

④

神戸市役所

フラワーロード

旧居留地

京町筋

こうべ花時計

⑤

神戸税関本関

みなとのもり
公園

神戸三宮
フェリー
ターミナル

ポートアイランド・神戸空港へ

兵庫ターミナル❶

三ノ宮駅

開業年月日 明治7年(1874)5月11日

●JR西日本
東海道本線
●阪急電鉄
神戸本線神戸三宮駅
●阪神電気鉄道
阪神本線神戸三宮駅
●神戸高速鉄道
東西線阪急神戸三宮駅
●神戸市交通局
西神・山手線三宮駅
海岸線三宮・花時計前駅
●神戸新交通
ポートアイランド線三宮駅

生田川公園

国道2号線

⑮

阪神高速3号神戸線

ハーバーハイウェイ

神戸港

❶神戸阪急
❷神戸国際会館SOL
❸三宮・花時計前駅(地下鉄)
❹三宮センター街
❺東遊園地
❻神戸市立磯上体育館
❼元町駅(阪神)地下
❽旧居留地・大丸前駅(地下鉄)
❾第二突堤
❿第三突堤
⓫神戸市立博物館
⓬チャータードビル
⓭神港ビルヂング
⓮シップ神戸海岸ビル
⓯春日野道駅(阪神)地下

明治7年(1874)、大阪—神戸間にわが国で2番目の鉄道が開業した時から設置されていた駅。神戸の実質的な中心駅で、近隣の私鉄の駅も集まっていて、それぞれがターミナルの機能を持っている。駅名はJRだけが「三ノ宮」と"ノ"の字が入るところが面白い。新神戸駅にも近く乗り継ぎ客も多い。

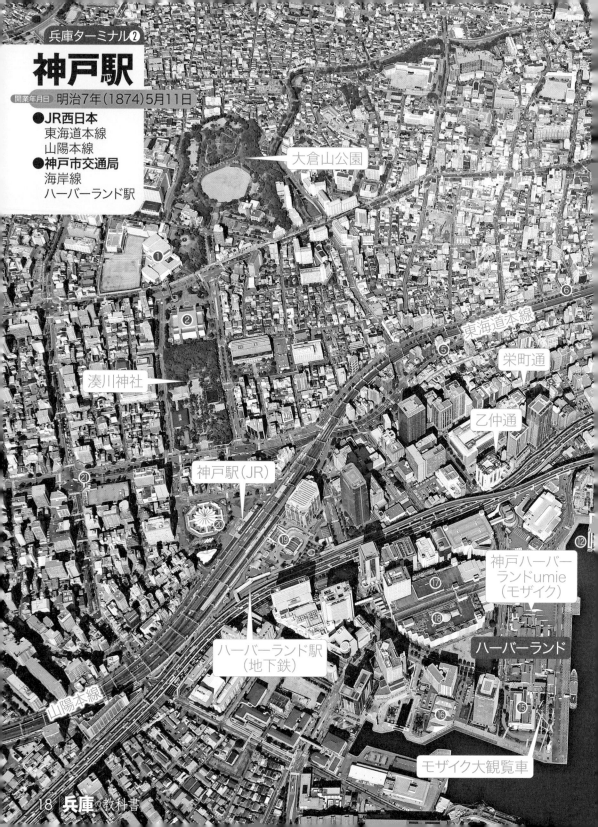

兵庫ターミナル❷

神戸駅

開業年月日 明治7年（1874）5月11日

● **JR西日本**
　東海道本線
　山陽本線
● **神戸市交通局**
　海岸線
　ハーバーランド駅

大倉山公園

湊川神社

東海道本線

栄町通

乙仲通

神戸駅（JR）

ハーバーランド駅
（地下鉄）

山陽本線

神戸ハーバー
ランドumie
（モザイク）

ハーバーランド

モザイク大観覧車

東海道本線の終着駅であり山陽本線の始発駅でもある。線路脇にはその境界を表す標識も立つ。JRの乗車券に適用される市内制度のうち神戸市内は神戸駅が基準とされている。賑わいは三ノ宮に軍配が上がるが、神戸の代表駅としての顔を持つ。山手側の1番線はかつては東京方面など長距離の始発列車が使用していた。

兵庫県庁

③④

④

元町駅（JR）

阪急・神戸高速線

神戸三宮駅
（阪急）

元町駅（阪神）地下

⑧ 南京町

⑦

タワー・ロード

⑨ メリケンロード

⑩

旧居留地

阪神高速3号神戸線

浜手バイパス

① 神戸文化ホール
② 神戸市立中央体育館
③ 相楽園　そうらくえん
④ 兵庫県公館
⑤ 西元町駅（地下鉄）
⑥ 花隈駅（地下鉄）
⑦ みなと元町駅（地下鉄）
⑧ 南京町広場
⑨ 海岸ビルヂング
⑩ 神戸メリケンビル
⑪ 神戸海洋博物館
⑫ 神戸シーバスbon bon
　 KOBE発着場所
⑬ 御座船 安宅丸/
　 ロイヤルプリンセス発着場所
⑭ 神戸クルーズ ルミナス神戸2
　 発着場所
⑮ 神戸アンパンマンこども
　 ミュージアム＆モール
⑯ 神戸煉瓦倉庫
⑰ 神戸ハーバーランドumie
　 （ノースモール）
⑱ 神戸ハーバーランドumie
　 （サウスモール）
⑲ デュオこうべ（浜の手）
⑳ デュオこうべ（山の手）
㉑ 高速神戸駅（阪急・阪神）
　 地下

⑬

⑪

神戸港震災
メモリアル
パーク

メリケンパーク

神戸ポート
ミュージアム

⑭

新港第一
突堤緑地

神戸港中突堤
旅客ターミナル

神戸港

撮影：2022年10月13日

新神戸駅

開業年月日 昭和47年（1972）3月15日

●**JR西日本**
　山陽新幹線
●**神戸市交通局**
　西神・山手線
　北神線

山陽新幹線開業とともに設置された。六甲トンネルと神戸トンネルの間に挟まれたわずかな空間に駅がある。2003年10月のダイヤ改正までは当駅を通過する列車もあったが、今は全列車が停車する。駅の裏手はすぐに布引の滝などの緑が広がる。北野の異人館巡りなど観光的にも便利な駅。

相楽園

兵庫県庁

トアロード

① ハーブ園山麓駅
② 神戸芸術センター
③ 生田川
④ ラインの館
⑤ 萌黄の館
⑥ 兵庫県民会館
⑦ 県庁前駅（地下鉄）
⑧ 神戸市水の科学博物館
⑨ 諏訪山公園
⑩ 三宮駅（地下鉄）

元町駅（JR）

元町駅（阪神）地下

布引貯水池

布引の滝

神戸布引ロープウェイ

うろこの家

風見鶏の館

新神戸駅

山陽新幹線

ハンター坂

⑤

北野

④

①

北野坂

パールストリート

②

③

山手幹線

山麓バイパス

フラワーロード

生田神社

神戸三宮駅
（阪急）

JR三ノ宮

阪急神戸線

東海道本線（JR神戸線）

⑩

三宮駅（ポートライナー）

撮影：2022年10月13日

21

男山八幡宮

⑦

姫路城

景福寺公園

姫路城西御屋敷跡庭園
好古園

④

③

書写街道

⑤

⑥

大手前
公園

兵庫ターミナル④

姫路駅

開業年月日 明治21年(1888)12月23日

●JR西日本
　山陽本線
　山陽新幹線
　播但線
　姫新線
●山陽電気鉄道
　本線山陽姫路駅

大手前通

山陽姫路駅

ピオレ姫路

⑧

山陽電鉄本線

姫新線

山陽本線

姫路駅(JR)

山陽新幹線

駅南大路

播 州地方の中心駅で山陽新幹線のほか、各方面への在来線と接続。関西の雄・新快速電車の実質的な西の終点でもある。また山陽電鉄の山陽姫路駅へは連絡デッキが結んでいる。2008年12月に高架化され、駅は一新された。駅コンコースの延長線上正面に姫路城が望め、北口の2階には展望スペースも設けられている。

❶兵庫県立歴史博物館
❷姫路市立美術館
❸姫路市立動物園
❹姫路城三の丸広場
❺大手門
❻家老屋敷跡公園
❼配水池公園
❽フェスタビル

国道2号線

アクリエ姫路

播但線

外堀川

撮影：2022年10月13日

三宮 （人員数）

JR西日本 (三ノ宮駅)	9万1978人
阪神電気鉄道 (神戸三宮駅)	9万3101人
阪急電鉄 (神戸三宮駅)	7万7001人
神戸新交通 (三宮駅)	5万2600人
神戸市営地下鉄 (三宮駅)	4万4495人
神戸市営 地下鉄(三宮・ 花時計前駅)	6657人

豊岡 （人員数）

1409人	JR西日本
123人	京都丹後鉄道

山陰本線
豊岡　京都丹後鉄道宮豊線
和田山
播但線
智頭急行
姫新線
谷川
加古川線
福知山線
宝塚
姫路
粟生
神戸電鉄粟生線
相生
赤穂線
山陽新幹線
山陽本線
神戸　三宮
尼崎

0 　10km

神戸 （人員数）

JR西日本	5万5742人
阪神電気鉄道・ 阪急電鉄 (高速神戸駅)	2万2798人
神戸市営地下鉄 (ハーバーランド 駅)	6369人

兵庫の主要駅
の
利用者数

兵庫県の県庁所在地神戸と、
西日本の中核都市である大阪を結ぶ阪神間を
JR西日本、阪神電気鉄道、阪急電鉄の
3路線がほぼ並行に走っている。
一方、神戸より西側では
山陽電気鉄道がJR西日本の路線と
並行するように走っていて、
海側の鉄道網は充実している。

（註記）
JR西日本は2020年度の1日平均の乗車人員数(降車の人員などは含まない)
阪神電気鉄道は2021年11月の1日平均の乗降人員数
阪急電鉄は2021年の1日平均の乗降人員数
神戸新交通は2021年度の1日の平均乗降人員数
神戸市営地下鉄は2020年度1日平均の乗車人員数
山陽電気鉄道は2019年度1日平均の乗車人員数
京都丹後鉄道は2020年度1日平均の乗車人員数

宝塚 （人員数）

2万2798人	JR西日本
3万3870人	阪急電鉄

尼崎 （人員数）

3万7656人	JR西日本
3万5289人	阪神電気鉄道

姫路 （人員数）

JR西日本	3万8020人
山陽電気鉄道 (山陽姫路駅)	1万5191人

理科

地球史…P26

恐竜の化石発見いろいろ
代表格は白亜紀の竜脚類
大型植物食恐竜、丹波竜

丹波竜が伝える白亜紀の世界

　2022年5月の時点で、日本で発見され、学名が付与された恐竜は11。そのうち2種が兵庫県より報告されており、恐竜類を含む脊椎動物化石の産地として注目されている。

　最初の発見は2006年。2人の地学愛好家が、丹波市山南町上滝地域で、化石調査をしていたところ、恐竜の骨らしきものを発見。専門家による鑑定の結果、恐竜の化石であることが明らかになり、その後6回にわたる大

◀丹波竜が闊歩していた約1億1000万年前の世界の環境復元(写真:小田隆／丹波市)

◀丹波竜の化石が発見された篠山川の河床。尾椎など多くの化石が連結した状態で発見された

規模な発掘調査が行われた結果、尾椎や肋骨、歯や頭の一部の脳函などの化石が発見され、2014年に大型の植物食恐竜(竜脚類)の新属新種「タンバティタニス・アミキティアエ」と命名された(通称・丹波竜)。

　一連の化石は、丹波市から丹波篠山市にかけて分布する篠山層群大山下層(前期白亜紀:約1億1千万年前)から発見された。そのころ、日本はまだ大陸の一部で、後に丹波地域となる場所は、大陸の沿岸部から少し内陸に入った盆地地帯だった。

　この地層が堆積した地域には、川が蛇行して流れ、周辺には湿地帯が広がっていた。雨季と乾季があり、雨季に川が氾濫し、乾季に乾き、その繰り返しのなかで動植物が地層中に埋没し、現代に化石となって現れたのである。

まだいた! 恐竜いろいろ

　兵庫県では、「北但層群」「篠山層群」「神戸層群」「大坂層群」「和泉層群」の地層から多くの化石が発見されているが、地層が形成された時代も、産出する化石の種類も異なる。

　丹波竜が発見された篠山層群が最も古く、次が、愛媛県から大阪府と和歌山県の県境にかけて広域に分布する和泉層群。約7000万年前の後期白亜紀の地層で発見された化石は、

現在の日本では10だが、旧日本領土の樺太で見つかった白亜紀後期の植物食恐竜ニッポノサウルスを含めると11。ニッポノサウルスをのぞくと、ヤマトサウルスは、9番目の登録となる

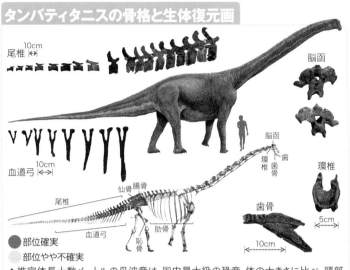

タンバティタニスの骨格と生体復元画

尾椎 10cm
脳函
血道弓 10cm
尾椎
血道弓
仙骨腸骨
恥骨
肋骨
環椎
歯骨
歯骨
脳函
環椎
歯骨
5cm
10cm

● 部位確実
○ 部位やや不確実

▲推定体長十数メートルの丹波竜は、国内最大級の恐竜。体の大きさに比べ、頭部は小さく華奢な棒状の歯をもち、植物を咀嚼することなくかみ切り、巨大な消化器官で植物を分解していたと考えられている

（図版：丹波市、県立人と自然の博物館、丹波地域恐竜化石フィールドミュージアム）

2021年にハドロサウルス科の新属新種、「ヤマトサウルス・イザナギイ」と命名された。日本では10番目 に命名された恐竜類である。

主な化石産出の地層

● 地層形成時期
● 主な産出地域
● 主な化石の種類

北但層群（新生代新第三紀中新世）
●約2700万～約1100万年前
●浜坂地域周辺 ●貝化石類など

神戸層群（新生代古第三紀始新世末期～漸新世初期）
●約3800万～約3000万年前
●須磨区や北区周辺 ●メタセコイアや貝化石など

▲大阪層群で見つかった
アケボノゾウの骨格標本
（写真：神戸市文化スポーツ局文化財課）

大阪層群（新生代新第三紀鮮新世後期～第四紀更新世中期）
●約350万～約15万年前
●六甲山南麓や明石市、垂水区など
●アケボノゾウ（アカシゾウ）の骨格

篠山層群（前期白亜紀）
●約1億1000万年前
●丹波市、丹波篠山市
●丹波竜、トロオドン類、角竜類など多種

▶上は篠山層群で見つかった角竜類の復元模型。原始的な角竜類で、体長は約1mと小柄。下は丹波篠山市の丹波並木道中央公園で発見されたトロオドン類の復元模型
（写真：丹波篠山市教育委員会）

和泉層群（白亜紀後期）
●約7000万年前 ●淡路島南部
●ヤマトサウルス、アンモナイトなど

0　20km

3番目に古い地層は、神戸層群で、約3800万～約3000万年前の新生代古第三紀始新世末期から漸新世初期の地層。その時代、ここには「古神戸湖」と呼ばれる湖があり、多くの植物化石や海や湖に生息する貝、大型哺乳類の化石などが見つかっている。北但層群は、新生代新第三紀の中新世、約2700万～約1100万年前の地層で、貝や大型哺乳類の足跡、植物、魚などの化石類が多く見つかっている。最も新しい大阪層群は、約350万～約15万年前の新生代新第三紀の鮮新世後期から第四紀更新世中期の地層で、アカシゾウ（アケボノゾウ）の化石が発見されたことでも有名だ。明石海岸で発見された臼歯が他の種とは異なるため、アカシエンシスという名で学会誌に紹介されたが、その後の研究で以前に報告されていたアケボノゾウと同じ仲間であることが判明した。

＊＊篠山層群は、古生代ペルム紀から中生代ジュラ紀にかけて形成された基盤岩類を覆う陸生層

27

地球史上の2つの事実を証明する、玄武洞（げんぶどう）に見るダイナミックな柱状節理

兵庫県の石に
認定された玄武岩▲

更新世の火山の痕跡

　日本地質学会は、全国各県で特徴的に産出、あるいは発見された岩石や鉱物、化石を「県の石」として選定している。兵庫県の石は、アルカリ玄武岩だ。その対象となったのが、国の天然記念物にも指定されている、豊岡市玄武洞周辺を構成するアルカリかんらん石玄武岩。

　ここでは、約160万年前の新生代第四紀更

◀溶岩流の冷え方によって、柱状節理の向きが異なる。玄武洞公園では、垂直と水平の両方の節理が見られる

▲硬く、石材としても有効な玄武岩は、玄武洞公園から約5km離れた城崎温泉を流れる大溪川の護岸にも使われている

新世の火山活動で流れ出た溶岩が、冷え固まる際に形成した、規則正しい割れ目の柱状節理が見られる。柱状節理としては、福井県の東尋坊（とうじんぼう）が有名だが、これは約1300万年前に、マグマが地表近くまで上昇して冷え固まったもので、石は輝石安山岩。できた時代も石の性質も異なる。中国地方には活火山が極めて少ないが、第四紀火山と呼ばれる、約260万年前以降には活発な火山噴火が起きており、そのうち約160万年前の噴火で噴出した玄武岩の溶岩が見られるのだ。火山の形こそ残っていないが、周辺や円山川（まるやまがわ）の対岸にも同じ玄武岩が分布し、広い範囲を覆った火山活動だったことがわかる。

　玄武洞公園には5つの洞があり、青龍洞（せいりゅうどう）では、高さ約33m、幅約40mの大規模な柱状節理の岩盤が見られる。江戸時代に採石場となったために2つの大きな人工的洞窟が残るのが玄武洞。横向きの節理が並んだ白虎洞（びゃっこどう）のほか、小型の南朱雀洞（すざくどう）と北朱雀洞がある。南北の朱雀洞では、柱状節理があまり見られないことから、溶岩流の先端部分とされている。

　一帯は、約6000年前に波で洗われてその姿を現した。このように一か所で、垂直や水平の柱状節理や、溶岩流の先端部分まで見られるのは珍しい。また、硬く石材にも適する

玄武岩は、近隣の塀や護岸などにも利用されている。

地磁気逆転の証拠

もう1つ、玄武洞を有名にしたのは、昭和3年（1929）に発表された京都大学松山基範博士の学説だ。玄武洞を調査した結果、約260万〜約77万年前の間に、地球の磁場が現在とは反対だったことを世界で初めて発表したのである。この時期は「松山逆磁極期」と名付けられ、地球科学におけるプレートテクトニクス理論の構築に大きく貢献することとなった。そして松山逆磁極期の始まりを、「新生代第四紀（約260万年前〜現在）」という地質年代の始まりとすることとなった。

地球の地磁気はたびたび逆転し、過去360万年の間にも11回逆転しているが、最後に逆転したのが約77万年前で、その逆転で現在の地磁気となった。2020年に認定された千葉セクション※の地層が有名だが、それにより100年近く前に、松山逆磁極期理論で、約77万年という数字を割り出していたことは驚異だ。しかし、松山博士の逆磁極説は、当時の学会ではほとんど無視されたという。

柱状節理のでき方

▼溶岩の表面が冷えて収縮し、割れ目ができる

▲割れ目が均質にできた場合、六角形になる

▼溶岩が流れ、玄武岩ができる

▶溶岩内部が冷えるにつれ、表面にできた節理が内側に延びていく

▶表面からの柱状節理が接すると、水平方向に板状の節理もつくられる

（青龍洞の看板を基に作成）

玄武洞公園の5つの洞

南朱雀洞
▲地表に流出した溶岩流の先端が地面に接して固まった部分（両脇のこぶ状の岩石）が見られる

北朱雀洞
▲最も端にあり、溶岩が地表で急激に冷されたため、あまり柱状節理は見られない

白虎洞
◀水平方向に延びた柱状節理の断面が見られる。早く冷えたため柱状は細く、流れ出る溶岩の周縁部に近いことがわかる

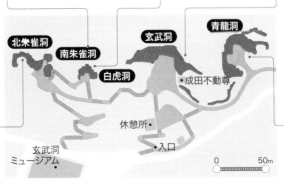

北朱雀洞　南朱雀洞　玄武洞　青龍洞
白虎洞
・成田不動尊
休憩所・
・入口
玄武洞ミュージアム
0　　50m

玄武洞
▲溶岩がゆっくり冷えたところほど柱状は太い。ここでは垂直と水平の両方が見られる。穴は採石時につくられた

青龍洞
▲最長の柱状は約15m。高さ約33m、幅約40mのダイナミックな景観。龍が昇るような姿から、名が付いた

約100万年前に誕生した神戸市を見下ろす六甲山 その成り立ちを探る

六甲山地にある摩耶山へ向かうロープウェー▲

六甲山誕生までの道のり

六甲山とは、神戸市の北側に東西約30kmにわたって続く山地の総称だ。標高931mの最高峰・六甲山を筆頭に、標高801mの湯槽谷山やロープウェーの終着点の1つで標高702mの摩耶山など、複数の山々が連なる断層山地で、基岩は花崗岩だ。

かつてこの一帯は海底だったが、ジュラ紀の地殻変動で陸地となり、ユーラシア（アジア）大陸の東端に位置していた。その後、約1億年前の白亜紀に、大量のマグマが噴出する大規模な火成活動が始まると、一帯には、阿蘇カルデラと同じくらいのカルデラが3度にわたって形成されたという。六甲山地の北側に広く分布する流紋岩が、その火成活動の痕跡だ。白亜紀の終わりごろの約7000万年前には、地下のマグマが冷却されて花崗岩がつくられ、六甲花崗岩と呼ばれる地盤となった。御影石として、広く石材に使われていることでも有名だ。

その後、日本海が拡大し、1600万年前ごろ、日本列島はおおよそ現在の位置に落ち着くのだが、このころ、西日本には伊勢湾から大阪湾を経て島根県を通り日本海に続く「古瀬戸内海（第一瀬戸内海）」が広がっていた。それが陸化したのが約500万年前のこと。六甲山北側にある三田盆地あたりには、湖が形成さ

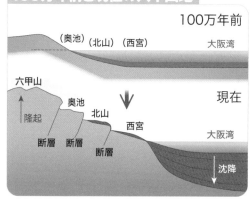

100万年前と現在の六甲山地

100万年前

（奥池）（北山）（西宮）　大阪湾

現在

六甲山　奥池　北山　西宮　大阪湾

↑隆起　断層　断層　断層　沈降↓

▲100万年前、六甲山はなく、近くまで海が迫っていた。そのころ始まった六甲変動は現在も続いている（神戸市教育委員会「デジタル化・神戸の自然シリーズ 100万年前から隆起してきた六甲山」を参考に作成）

▲大阪湾上空から見た六甲山。大部分が瀬戸内海国立公園に属し、山陽新幹線の六甲トンネルや神戸トンネルが貫通している

六甲山の成り立ち

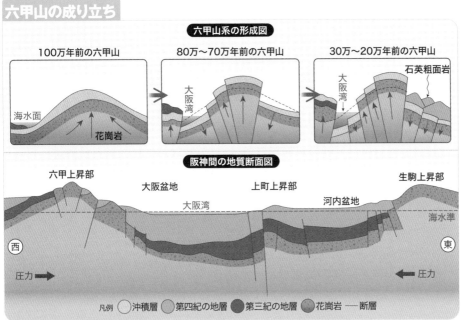

六甲山系の形成図

100万年前の六甲山

海水面

花崗岩

80万〜70万年前の六甲山

大阪湾

30万〜20万年前の六甲山

大阪湾

石英粗面岩

阪神間の地質断面図

六甲上昇部

大阪盆地

大阪湾

上町上昇部

河内盆地

生駒上昇部

海水準

（西）

（東）

圧力➡

⬅圧力

凡例 ○沖積層 ○第四紀の地層 ●第三紀の地層 ◍花崗岩 ―断層

◀約100万年前には、低い丘だったが、六甲変動により隆起していった（上下とも国土交通省近畿地方整備局六甲砂防事務所「六甲山のおいたち」を基に作成）

◀第四紀の地層は、約200万年前から堆積した粘土や砂が中心の大阪層群。第三紀の地層は約1500万年前の湖底に堆積した神戸層群、花崗岩は白亜紀のもの

れ、その痕跡が神戸層群となって、今も分布している。一方、大阪湾は今よりも陸地まで進入し、西宮あたりは大阪湾の海の底だった。

六甲変動で生まれた六甲山

大きく地殻が変動したのは、約100万年前のこと。低い丘だったこの地域に、西と東の両方から強大な圧力が働き始めた。陸地寄りの大阪湾の海底はどんどん上昇、沖合は激しく沈降し、上昇部分は隆起しながら丘を押し上げ、六甲山を形成していったのである。この地殻変動は「六甲変動」と呼ばれる。

また、六甲山は断層が多く、階段状であることで知られるが、いずれも東西方向からの圧力による隆起に起因する。

約7000万年のマグマの冷却でつくられ、六甲山の基盤となった花崗岩は、激しい六甲変動によって破壊されてもろくなり、風化作用も受けた結果、真砂化して真砂土になって

いった。平成7年（1995）に起きた兵庫県南部地震（☞P34）で、六甲山山腹に多くの斜面崩壊が起きたが、それはもろい真砂土が原因だった。

六甲山系には、弥生時代に稲作農耕が始まるまで、原始林が広がっており、山頂付近にはブナやミズナラ、標高600〜800m付近ではモミやコウヤマキなどの針葉樹や広葉樹が交じる混交林、中腹から山麓は照葉樹林に覆われていた。しかし、農耕が始まり、集落ができると、山麓の照葉樹林が伐採され、アカマツ中心の二次林に覆われていき、現在に至っている。

◀六甲山の名勝馬の背の様子。六甲山が花崗岩でできていることがわかる

本州で最も低い中央分水界
氷上回廊に見る
自然界の不思議

（ひかみかいろう）

中央分水界を示す標識▲

標高95m地点に分水界!?

分水界とは、雨水が異なった方向に流れる境界のこと。本州に降った雨は、日本海側と太平洋側か瀬戸内海側に分かれて流れるため、その境界を「中央分水界」という。一般的に、中央分水界は下の図のように、日本を縦断する山地の尾根に沿っているため、分水嶺とも呼ばれ、標高1000〜3000m級の山々が連なる本州の内陸部に位置している。

ところが、兵庫県丹波市氷上町の中央分水界は、標高95mという、本州

で最も低い位置にあり、3000mの山に登らなくても、平地で分水界をまたぐことができるのだ。通常、南北に走る中央分水界だが、ここでは東西に走り、東の丹波山地と西の中国山地の間で尾根筋が切れる約1250mが低地の中央分水界にあたる。その東の起点が氷分れ公園だ。そして、右上地図の「標高95m地点」あたりで暗渠になっている川が、瀬戸内海と日本海への分かれ目になっている。そして、瀬戸内海から氷上町を経て日本海側へ向かう帯は、「氷上回廊」と呼ばれ、自然界にも大きな影響を及ぼしてきた。

日本の中央分水界

0　　200km

▶北海道の稚内から鹿児島まで、中央分水界は、ほぼ高山の山頂の尾根を伝わって南北に縦断している

オホーツク海

日本海

太平洋

東シナ海

▶標高約450m地点から標高95mの低地に中央分水界があり、それを境界に、南側の川は瀬戸内海へ、北側の川は日本海へ注ぐ

氷上回廊

日本海

丹波市

三河田

福知山市

京都府

水分れ公園
（氷上町）

低地帯

兵庫県

加古川

加古川市

神戸市

瀬戸内海

0　　20km

低地の中央分水界

中央分水界

水分れ
フィールド
ミュージアム

JR
石生駅
（いそう）

水の
流れ

← 日本海へ　　瀬戸内海へ →

谷中分水界
1250m

標高
95m
地点

◀水分れフィールドミュージアムがある水分れ地点から標高95m地点の1250mは「谷中分水界」と呼ばれる（写真：丹波市）▶▼氷上町の川の流れの方向を示した図と中央分水界断面図（図版：氷上回廊のHPを基に作成）

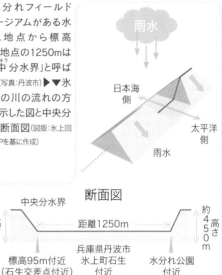

雨水

日本海側

太平洋側

雨水

断面図

約450m 高さ

中央分水界

距離1250m

約450m 高さ

標高95m付近
（石生交差点付近）

兵庫県丹波市
氷上町石生
付近

水分れ公園
付近

瀬戸内海側と日本海側の要素が混在

雨量が少なく温暖な瀬戸内海式気候と、冬の季節風のために降雪量が多い日本海側の気候がぶつかるのが、丹波市あたり。秋から冬には昼夜の寒暖差が激しく、「丹波霧」が発生することでも有名だ。恵まれた気候は、コシヒカリや黒大豆、大納言小豆、栗や黒枝豆など、多くの特産品の生育にも役立っている。

中央分水界が低地にあることは、生物多様性という観点でも影響を与えている。昭和33年（1958）ごろ、瀬戸内海へ流れ込む加古川上流域の佐治川（さじがわ）で、日本海側の河川に生息するとされていた川魚のヤマメと、瀬戸内海側の河川に生息するアマゴ（ヤマメの近縁種）が混生していることがわかったのだ。ほかにも、瀬戸内海側に生息する南方系のオヤニラミやイトモロコなどが、北側の由良川にも生息し、北の日本海側に生息する北方系のホトケドジョウやアブラハヤ、タカハヤが南の加古川にも見られ、互いに生息地を広げていたこともわかった。加古川と由良川は、南方系と北方系の川魚たちが中央分水界を越え

て共存するという珍しい水域なのである。

その現象は、植物にも見られる。南国に生育するリンボクやヤマモモ、モチツツジなどと、雪国で繁茂するユキグニミツバツツジなどが混生している。氷上回廊は、中央分水界を低地でひとまたぎできるだけでなく、南北の生態系が混在する個性豊かな場所なのだ。

◀スズキ目ケツギョ科の淡水魚、オヤニラミ。中国地方、四国、九州の一部で成育する日本の在来種。水草が多く緩やかな流れの川を好む

◀ホトケドジョウは、日本固有種で、秋田県から太平洋側は三重県、日本海側は兵庫県の一部までを成育域とする。水が澄んだ緩やかな砂泥底を好む

◀地域特有の自然の多様性を学べる、水分れフィールドミュージアム（写真：水分れフィールドミュージアム）

未曾有の被害をもたらした兵庫県南部地震。そのとき地表に現れた野島断層（のじま）とは？

北淡震災記念公園内の
野島断層保存館に
展示された断層▲

近畿地方は活断層密集地

兵庫県の記録に残る最も古い地震は貞観（じょうがん）10年（868）。マグニチュード（以下M）7.1の巨大地震だった。この地震は、山崎断層帯の活動によるものと考えられている。平成7年（1995）の兵庫県南部地震は、M7.3で、六甲・淡路島断層帯の一部である野島断層、慶長元年（1596）の慶長伏見地震は、M7.5以上で有馬—高槻断層帯の活動によると推定されている。この３つの断層帯のほかに、兵庫県では

日本を取り巻くプレート

北米プレート

千島海溝

ユーラシアプレート

日本海溝

相模トラフ

伊豆・小笠原海溝

駿河トラフ

南海トラフ

フィリピン海プレート

太平洋プレート

0　200km

▲東からフィリピン海プレートと太平洋プレートが、西のユーラシアプレートに潜り込んでいる

淡路島南部に中央構造線断層帯、大阪湾には大阪湾断層帯、県北部には京都府から延びる山田断層帯がある。兵庫県は、断層帯の密集地なのだ。

近畿地方も同様で、中央構造線＊の北側は、特に日本でも活断層が多いとされている。また、地球は複数のプレートで覆われているが、近畿周辺は、年間約10cmの速さで移動する太平洋プレートと年間約4cmの速さで移動するフィリピン海プレートの2枚の海洋プレートが、大陸プレートであるユーラシアプレートの下に潜り込むため、東西から強い圧力を受けて硬い地下の岩板にずれが生じやすい。

六甲山（☞P30）の成り立ちにもこの東西からの圧力が影響しているように、両サイドから押されてずれる断層が、山地を形成することになる。また、起伏に富んでいる分、活断層が多いということになる。地震には海溝型と活断層型があるが、近畿地方の地震は、陸のプレート内の弱い場所がずれて起こる活断層型だ。

動いた野島断層

平成7年1月17日午前5時46分、淡路島北部・兵庫県津名郡北淡町（つな）（ほくだんちょう）＊＊（現・淡路市）を震央とし、震源の深さ16kmで起きた兵庫県南部

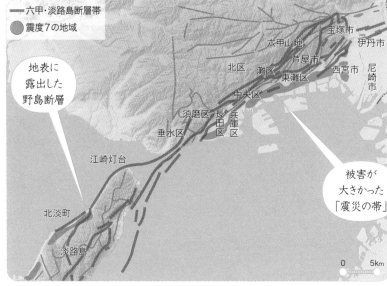

凡例
— 六甲・淡路島断層帯
● 震度7の地域

地表に
露出した
野島断層

宝塚市
伊丹市
六甲山地
芦屋市
北区　灘区　西宮市　尼崎市
東灘区
中央区
須磨区　兵庫区
垂水区　長田区
江崎灯台

被害が
大きかった
「震災の帯」

北淡町

淡路島

0　　　5km

野島断層と震災の帯

◀六甲・淡路島断層帯のうち、南側の淡路島にあるのが野島断層。被害は北側の断層帯で大きく、その一帯は「震災の帯」と呼ばれる
（文部科学省地震調査研究本部HPを元に作成）

km、長さ約20kmは、「震災の帯」と呼ばれる。

　一般には、断層の真上が最も揺れが激しいとされるが、この地震では、断層より海寄りで「震災の帯」が認められた。そのため、未知の活断層があるのでは、と考えられたが、現在はその説は否定されている。山から地面を伝わる地震波と、岩盤から真上に伝わる地震波が重なったことや、軟らかい地盤である堆積層の中で地震波が増幅されたことが原因という見方が有力だ。

地震は、最大震度7、死者6434人、全壊家屋は約10万戸に及んだ。東西方向に圧力軸をもつ横ずれ活断層型で、震源は野島断層。

　野島断層は淡路島北西部の海岸沿いにある活断層で、兵庫県南部地震では、旧北淡町から淡路島西部の一宮町＊＊（現・淡路市）にかけ、約10kmにわたって断続的に地表に現れた。さらに、約150mにわたり、南西の方向へ最大で水平に2.1m、南東側は北西側に比べ、最大1.4mも隆起した。この地震の特徴である横ずれは、水平に移動した断層が示しているが、南東側が北西側にせりあがった逆断層の要素も含んでいたのだ。地表に露出したうちの約185mは、地震現象と断層活動を表す顕著な例として、天然記念物にも指定された。それ以外の一部は、覆屋で保護され、野島断層保存館として公開されている。

　一方、神戸市側では、地表に断層面が現れることはなかったが、神戸市須磨区から西宮市で被害が集中し、特に揺れが大きかったことを物語っている。被害が大きかった幅約1

◀水平の横ずれが起きたことがはっきりわかる淡路島の畑の様子

▲北淡震災記念公園の野島断層保存館では、横ずれや逆断層が起きた地表がそのまま保存展示されている

＊＊北淡町と一宮町は、2005年に淡路町、東浦町、津名町とともに合併され淡路市となった

理科
・地球史

社会

国語

美術・音楽・家庭科・体育

算数

市民の熱い思いが結実

明石市といえば「子午線のまち」「日本標準時のまち」として、教科書に掲載されるほど有名だ。

明治17年（1884）に開かれた国際子午線会議で、イギリスのグリニッジ天文台を経度の原点とし、世界の標準時が定められた。地球1周360（度）÷24（時間）＝15で、経度15度で1時間の時差となる。そこで明治19年、東経135度地点の時刻が日本の標準時と制定された。ちょうど世界基準時から9時間差の地点だ。ちなみに、北海道根室市が東経145度、佐賀県の唐津市が東経130度に位置する。

東経135度には、明石市を含め豊岡市、丹波市、神戸市、京都府の京丹後市や和歌山県の和歌山市など12市あるが、なぜ明石市が「子午線のまち」と呼ばれることになったのだろう？

日本標準時が制定された24年後、いち早く「子午線通過地」の標識を建てたのが、明石郡小学校長会だった。大正4年（1915）に、日本経緯度原点となる旧東京天文台の経度が、明治19年時とやや違っていたことがわかり、日本経緯度原点が修正されると、明石市教育委員会は、新たな経緯度を基準に正確な位置に標識を建て替えるべく調査を開始。昭和3年（1928）に、明石中学校（現・明石高等学校）で約1カ月をかけて天体観測を実施した。さらに昭和26年にも再度、観測を行い、正しい地点に子午線標識を移動させたのだ。これらの明石市のアピールが、「子午線のまち」の冠を得ることに加え、昭和35年の天

▲子午線が通る各市を表した地図。京都府、和歌山県を含め、全12市がその線上に位置している

地図内テキスト：
京丹後市／豊岡市／福知山市／丹波市／京都府／東経135度子午線／西脇市／兵庫県／加東市／小野市／三木市／神戸市／明石市／淡路市／大阪府／和歌山市／和歌山県／0 20km

理科のコラム

なぜ明石市が「子午線のまち」といわれるのか?

文科学館の開館にもつながった。

実際、中段の地図に示されている各市にも標準時を表す標識はあるが、明石市内は、子午線ずくめ。最初の標識はもちろん、天文科学館前、検察庁前のほか、子午線交番の南、中崎遊園地内にもある。昭和3年の天体観測時に定められた位置に立つ標識の隣にはその名も子午線郵便局が移転しており、その標識と郵便局を結ぶ線上には、標準時子午線上に建つ明石市立天文科学館の時計塔が見える。山陽電車人丸前駅のホームにも子午線を示す白線があるなど、明石市内は、子午線標識巡りが楽しめる町でもある。

▶明治43年に当時の小学校の先生たちの寄付で建てられた日本初の子午線標識。子午線交番の横にある

▶昭和5年に月照寺の前に建てられた「トンボの標識」。日本（あきつ島）の象徴のトンボ（あきつ）が目印

◀明石市立天文科学館前にある東経135度を示すサイン

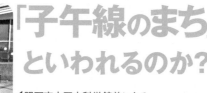

▶2015年に新築された明石区検察庁に立つ子午線標識。建物の南には壁面日時計もある

社会

一時は教科書にも載ったが実物が戦火で焼失。今なお正体不明の「明石原人」

現在の
「明石原人腰骨発見地」
（写真：明石観光協会）▶

化石人骨の発見

　昭和6年（1931）、兵庫県明石郡大久保村（現在の明石市大久保町西八木）の海岸で、長さ20cmほどの人骨が発見された。

　発見したのは、29歳のアマチュア研究者、直良信夫。直良は結核の転地療養のため大正15年（1926）から明石で暮らしていたが、安静にするどころか、周辺の歴史遺跡や貝塚などへ鍬を担いで出かけては掘って回っていた。西八木海岸は、その頃に毎日のように通っていた場所だった。

　当時の西八木海岸は、更新世の地層が断崖となって露出しており、直良は昭和2年に崩壊土の中から象の臼歯の破片と加工品と思われる石器を発見していた。欧米の研究者の著書を通じて、マンモスなどの絶滅した動物が生存していた更新世にすでに人類が暮らしていたことを知っていた直良は、この地層から更新世の人類に関連した「何か」を発見できるのではないかと、期待するようになって

◀松村瞭が東京帝室博物館の技師に頼んで作らせた石膏模型の複製
（写真：明石市）

▲明石人骨発見当時の西八木海岸の様子
（写真：明石市）

▶直良信夫（昭和33年撮影）。昭和60年に明石原人発見の功績で明石市文化功労賞を受賞した（写真：明石市）

いた。

昭和6年4月18日、前夜に吹き荒れた強風と波によって崩れ落ちた地層を探していた直良は、土の中からわずかに顔を出していた「何か」を見つけた。スコップで掘り起こし、波打ち際に駆け寄って洗ったところで、それが化石化した人の腰骨であると確信した。

自宅に骨を持ち帰った直良は、東京や京都の大学の学者に、更新世の人の骨らしきものを発見したと手紙を送付。返信のあった東京帝国大学人類学教室の松村瞭へ、鑑定を依頼して骨を送った。

二転三転する評価

松村はすぐに「骨は間違いなく人類の寛骨で、16、17歳くらいのもの。化石化の程度や色から太古のものだろう」という内容の手紙を直良に送ったが、ひと月ほどしてから「比較対象が少ないのでなんともいえない」と、人骨を直良へ送り返した。

松村の態度が急変した背景には、「日本には旧石器時代はない」とする当時の学界の複雑な人間関係や学閥の確執があったと考えられている。しかし、松村は人骨化石を重要視していたようで、写真を撮り、精巧な石膏型を作成していた。

一方、発見者である直良は、人骨は自殺者のものか墓地から落ちてきたものだと周囲からののしられ、旧石器時代の研究の一線から退くことに。昭和7年には東京に引っ越し、早稲田大学の地質学・古生物学者の私設助手として働き始めた。しかし昭和20年5月25日の東京大空襲により直良の自宅は焼失。人骨化石も灰燼に帰した。

明石で発見された謎の人骨の物語は、これ

で終わりを迎えたはずだった。しかし昭和22年11月、松村の後任を務めた東京帝国大学人類学教室の長谷部言人が、大学の写真ダンスの中から松村が残した人骨化石の写真を発見。陳列戸棚から石膏型も見つけ出したことで物語は再び動き始めた。

長谷部は「再発見」した人骨化石を更新世の男性の骨らしいと発表。「ニッポナントロプス・アカシエンシス」と名付けた。やがて「明石原人」として広く知られるようになり、教科書にも取り上げられるようになった。

しかし昭和57年には、世界各地で出土した猿人や旧人などの腰骨と明石原人を比較した結果、「縄文時代以降の人の寛骨」であるとする研究が発表されて原人説は否定された。

昭和60年には西八木海岸の発掘調査が行われて、木器や石器が出土。明石で旧石器時代に人が暮らしていたことは明らかになったが、人骨を含みうる地層の年代は6〜12万年前頃だと判明し、更新世よりも新しい時代であることも明らかになった。

明石原人の研究は今も続いているが、実物が焼失している以上、新たな人骨化石が見つかるまで謎の人類のままかもしれない。

▲昭和60年に行われた西八木海岸の発掘調査の様子。考古学、古生物学、地質学などさまざまな専門分野の学者が動員された(写真:明石市)

歴史を塗り替える発見！
淡路島で見つかった
弥生時代の鉄器と銅鐸

鋳造復元した
松帆銅鐸の
レプリカ（写真：南あわじ市教育委員会）▲

鍛冶工房集落の発見！

　2004年10月20日、大型で強い勢力のまま高知県に上陸した台風23号は、各地に大きな被害をもたらした。淡路市の五斗長集落も被害を受けた場所の一つで、ため池は決壊し、ほとんどの農地が耕作不能な状態に陥った。2007年、その復旧作業の際に見つかったのが、弥生時代後期（約1900～1800年前）の集落跡「五斗長垣内遺跡」だった。

　標高約200mの丘陵上に南北約50m、東西約500mにわたり広がる遺跡からは、23棟の竪穴建物跡が発見された。驚くべきは、そのうちの12棟に鉄器を製作する炉跡があり、100点を超える矢じりなどの鉄製品、多数の石製鍛冶工具類が出土したことだった。

　建物内に複数の炉を設けた直径10.5mの大型の建物もあり、近畿地方ではほぼ前例のない鍛冶工房集落であったことは間違いないとされた。当時の鉄器づくりの様子を詳しく知ることができる遺跡として、2012年に国史跡に指定された。

　この集落で鉄器づくりが盛んだった2世紀後半は、邪馬台国の女王「卑弥呼」が登場す

▲住居跡が復元され、鍛冶体験イベントなども開催されている（写真：淡路市社会教育課）
◀五斗長垣内遺跡から出土した鉄製品（写真：淡路市社会教育課）
▶床の上に炭を置いて、革袋で使った送風装置で炉に空気を送って鉄素材を加熱したと推測されている（画像：淡路市社会教育課）

弥生時代の鍛冶作業

るきっかけとなった倭国大乱があったとされる時期。五斗長垣内遺跡が、その時代にどんな役割を果たしていたかは明確にされていないが、当時の鉄素材の供給地である朝鮮半島などに近い九州や山陰との交易があったことが推測されている。

近年、同じ淡路市の舟木遺跡からも弥生時代後期から末期にかけての大規模な鉄器製造跡が見つかるなど、島内で重要な発見が相次いでいる。淡路島の遺跡をきっかけに、謎が多い邪馬台国以前の日本についての研究が進むかもしれないと期待されている。

最古級の銅鐸の発見!

2015年4月、南あわじ市の石材資源の加工を行う工場の砂山から銅鐸7点がまとまって発見された。奈良文化財研究所が調査した結果、これらの銅鐸は数十年に一度の大発見であることがわかった。

「松帆銅鐸」と名付けられた銅鐸のうち、最初に見つかった銅鐸（1号）は全国でも11例しかない菱環鈕式という最古級の形で、残りは次に古い外縁付鈕式という形であった。

6点の銅鐸の中には、吊り下げて鳴らすための青銅製の棒（舌）が入っていて、合計7本の舌が見つかった。銅鐸と舌が一緒に見つかること自体、とても珍しいことだった。その上、舌は銅鐸にくくりつけた状態のまま埋められたようで、二つ編みのように編まれた紐がわずかに確認された。紐の発見は全国初である。

この紐や、銅鐸に付着していた植物を科学的に分析したところ、2300〜2100年前に埋納されたことが分かった。実年代が判明したのも全国初である。また、紀元前3世紀以前

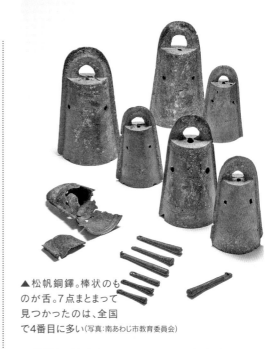

▲松帆銅鐸。棒状のものが舌。7点まとまって見つかったのは、全国で4番目に多い（写真:南あわじ市教育委員会）

の銅鐸に使われていたのと同じ朝鮮半島産の鉛が含まれていることも判明した。

銅鐸上部の痕跡からは、紐を何重にも巻き付けていたことが確認された。これまで銅鐸は、手に持って鳴らしていたのか、吊して鳴らしていたのか不明だったが、この痕跡から吊していたことが判明。また銅鐸の内側、舌が当たる部分がすり減っていたことから何回も鳴らされていたようだった。これまで銅鐸は小型で音を鳴らす「聞く銅鐸」が、やがて大型化して置いて「見る銅鐸」へ移行したと考えられていたが、松帆銅鐸によって、それが正しいことが証明されたのだった。

国宝級の遺物といわれる松帆銅鐸。今後の研究で何が明らかになるのか、目が離せそうにない。

◀3号銅鐸発見時の様子。3号内に4号銅鐸が入っていた（写真:南あわじ市教育委員会）

古墳の数、全国1位！
有力な豪族が築いた
大型古墳とその副葬品

復元された
五色塚古墳に
並び立つ埴輪▶

日本一の古墳大国

文化庁が刊行した2021年版の『埋蔵文化財関係統計資料』によると、全国には15万9953の古墳・横穴がある。そのうち兵庫県には1万8707（現存1万7472、消滅1235）があり、2位の鳥取（1万3505）に大差をつけてトップである。旧石器時代から近世までの集落跡や貝塚、城館跡などを含めた総遺跡数においても、全国47万2071に対して兵庫県は2万8606で全国1位を誇っている（2位は千葉県の2万7562）。

現在の兵庫県域にあたる地域では、古墳時代（およそ1700〜1300年前）の前期から中期にかけて、当時瀬戸内や山陰にまで勢力を拡大していたヤマト政権に関わる有力な豪族が多く住んでいたため、各地に大型の古墳が築かれたと考えられている。

そのなかでも最大規模の古墳が神戸市垂水区にある五色塚古墳。4世紀の終わりから5世紀の初めにかけて築造された前方後円墳で、全長は194m、後円部の高さは18mある。埋葬された人物については分かっていないが、淡路島と明石海峡を望む台地に築かれたことから、当時、政権の重要な役割を担い、海上交通を支配していた豪族だと考えられている。

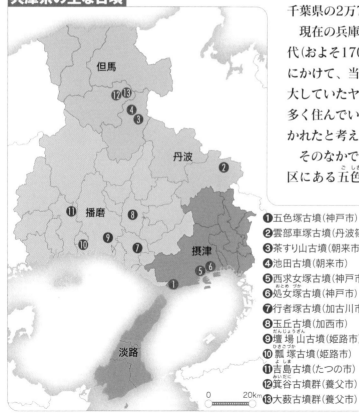

兵庫県の主な古墳

但馬

丹波

播磨

摂津

淡路

❶五色塚古墳（神戸市）
❷雲部車塚古墳（丹波篠山市）
❸茶すり山古墳（朝来市）
❹池田古墳（朝来市）
❺西求女塚古墳（神戸市）
❻処女塚古墳（神戸市）
❼行者塚古墳（加古川市）
❽玉丘古墳（加西市）
❾壇場山古墳（姫路市）
❿瓢塚古墳（姫路市）
⓫吉島古墳（たつの市）
⓬畳谷古墳群（養父市）
⓭大薮古墳群（養父市）

0　　20km

大型古墳の副葬品

　五色塚古墳では、高さ約1mの鰭付円筒埴輪や鰭付朝顔形埴輪がおよそ600本出土した。調査の結果、古墳の頂上と墳丘平坦面におよそ2200個も並べられ、鰭付円筒埴輪5〜6本に1本の割合で鰭付朝顔形埴輪が用いられていたようだ。

　丹波篠山市に築かれた雲部車塚古墳も兵庫県を代表する大型古墳。全長160mほどの前方後円墳で、古墳時代中期のものとしては県内最大級である。明治時代に雲部村の村人たちの手によって発掘され、石棺をはじめ大量の武器や甲冑などが見つかっている。なかでも柄まで鉄でつくられた矛は前例がない発見で、王の武力を示す象徴的な意味合いがあったと考えられている。

　兵庫県にある大型古墳はほとんどが前方後円墳であるが、朝来市の茶すり山古墳は近畿地方最大の円墳。5世紀前半に築かれ、ふもとの直径は約90m、頂上の直径は東西約36m、南北約30mのだ円形で頂上までの高さは18mある。全国でもごく少数しか見つかっていない襟付きの甲冑をはじめ、鉄製の武器や銅鏡など、1761点が出土。これらの副葬品から、前方後円墳を築くことは許されなかったものの、強大な力を有して一帯を治めた「但馬の王」の墓であるとされている。

　朝来市の池田古墳からは埴輪が多数出土。なかでも水鳥形埴輪は全国最多の24体以上が発見され、2019年に国の重要文化財に指定されている。また、神戸市の西求女塚古墳では三角縁神獣鏡7面をはじめ、合計12面の青銅鏡が竪穴式石室の石材の間から出土し、国指定重要文化財に指定されている。

五色塚古墳

古墳の上から絶景が望める

昭和40年（1965）から10年をかけ、全国で初めて築造当時の姿に復元された古墳。古墳の頂上まで登ることができる（写真：神戸市埋蔵文化財センター）

雲部車塚古墳

大型古墳の内部が分かっている数少ない例で、兵庫県立考古博物館に埋葬施設が再現されている（写真：兵庫県立考古博物館）

茶すり山古墳

全国でもトップクラスの鉄製品が出土。主な出土品664点が国の重要文化財に指定されている（写真：朝来市埋蔵文化財センター）

池田古墳

全長約135mの但馬地域最大規模の前方後円墳。古墳時代、水鳥は他界を象徴する存在だったという（写真：兵庫県立考古博物館）

西求女塚古墳

全長約95mの前方後方墳。写真は図像の細部まで明確な3号鏡。神像が3体、獣像が5体描かれている（写真：神戸市埋蔵文化財センター）

奈良時代に編纂された『播磨国風土記』には何が記されていた？

編纂した播磨国府は姫路城周辺にあった▲

風土記とは何か

「風土記」という語は、地方の歴史や物事について記した書物などを示す言葉として現在も使われているが、そのルーツは奈良時代初期にまでさかのぼる。『続日本紀』によると、和銅6年（713）、各国に風土記を編纂するよう朝廷の命令が出された。風土記に記録するように要求されたのは、「地名に好字（よい意味をもつ字）を付けること」「銀や銅、草木、鳥獣、魚、虫などの種類」「土地が肥えているのか、痩せているのか」「山や川、原野の名前の由来」「老人が語り継いできたこと」の5つの項目。天皇中心の律令体制を強固にするため、中央が各地の情報を集める目的があったと考えられている。

当時あった64国2島に命は発せられたはずだが、現在まとまった分量が残っているのは、兵庫県西南部の播磨国のほか、常陸国（茨城県）、出雲国（島根県）、豊後国（大分県）、肥前国（佐賀県と長崎県）の風土記のみ。他の国の風土記は、別の文献に引用される形でごく一部が残っているに過ぎない。

『播磨国風土記』は、江戸時代に加賀藩5代藩主・前田綱紀が元禄16年（1703）に唯一の古写本（三条西家本）を発見し、修復したため

現存しているといわれている。その後、明治時代に刊行された書籍によって一般に流布され、大正時代に「民俗学の父」と呼ばれる柳田國男（☞P114）と実兄の井上通泰によって本格的な研究が進められた。

風土記の中の播磨

現存する播磨国風土記には、賀古郡・印南郡・飾磨郡・揖保郡・讃容郡・宍禾郡・神前郡・託賀郡・賀毛郡・美嚢郡の10郡につい

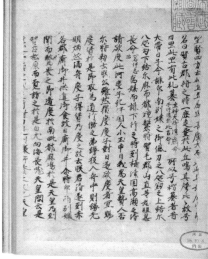

▶『播磨国風土記』の大正時代の写し。本文は漢文で記されている（写真：国立国会図書館デジタルコレクション）

◀兵庫県出身の柳田國男。井上通泰に『播磨国風土記』の研究を勧めた（写真：国立国会図書館デジタルコレクション）

『播磨国風土記』地図

(姫路文学館『播磨国風土記地図』を基に作成)

▲宍粟市にある庭田神社の「ぬくいの泉」。『播磨国風土記』に「カビ（麹菌）を使って酒を醸した」とされる記述があり、日本酒発祥の地ともいわれる

▼加西市にある玉丘古墳。根日女の説話は、悲恋の物語として今も語り継がれている

て、里を単位として記されている。また明石郡の記事が別の書に引用されているため、明石郡の記事も存在していた。

　『播磨国風土記』の大きな特徴は、記事のほとんどが地名起源説話であることだ。その数は365以上で、他国の風土記には見られない多さである。大半が「鹿がこの丘に走り登って鳴いた。その声がひひーと聞こえた。だから日岡と名付けた」というように簡略な内容であるが、神や天皇、豪族などを主人公にした物語性の高い説話もある。

　例えば玉丘古墳の起源は、「美嚢郡志深の里にいた2人の皇子が、国造の娘である根日女に求婚した。根日女は求婚を受け入れたが、皇子たちがお互いに譲り合っているうちに長い年月が経ってしまい、根日女は亡くなってしまう。皇子たちは悲しみにくれ、『陽の当たりがよい地に墓を作り、玉で飾って手厚く葬るように』と命じた。そのためこの墓は

『玉丘』と呼ばれた」と記されている。また、『播磨国風土記』では、「巨智の里（飾磨郡）、土は上の下」「林田の里（揖保郡）、土は中の下」というように、各里の土地の肥沃度合を上上から下下までのランクに分けて記述している。明治期の平年収量と比較したところ、ほぼ対応していたという研究が残されており、奈良時代の記録の正確性に驚かされるところである。

　『播磨風土記』には、1300年以上前の播磨に暮らしていた人々の昔話がつまっている。現在まで残る地名も多いので、風土記由来の地をめぐってみるのもおすすめだ。

現在の神戸港のルーツ
貿易港として発展した
天然の良港「大輪田泊」

兵庫区の清盛塚の横に立つ清盛像▶

瀬戸内海の要衝だった
国際貿易港

　平安時代末期から鎌倉時代前期にかけて、日宋貿易で栄えたのが、現在の神戸港のルーツといわれる「大輪田泊」である。大輪田泊は、奈良時代の高僧・行基が、瀬戸内海交通の要衝として、現在の兵庫県内に整備した「摂播五泊＊」の一つ。水深が深く天然の良港であり、都と九州、さらに大陸を結ぶ港と

して賑わいを見せた。延暦23年（804）には、最澄と空海がこの港から遣唐使船に乗り込み出立した。

　大輪田泊は、西にある和田岬によって南西風から守られる反面、南東からの風と波浪の影響を受けやすく、防波堤が必要だった。国家事業として修築がたびたび行われたが、平安時代末期に大規模な修築を行ったのが平清盛だ。平氏は清盛の父・忠盛の時代から日宋貿易に力を入れていた。安芸守、播磨守を歴任して瀬戸内海の制海権を手中に収めていた清盛は、宋船を瀬戸内海航路に導くことで日宋貿易を独占しようと目論んだ。そこで、瀬戸内海航路の最終地である難波津の一つ手前の港で、京の都にも近い大輪田泊に目をつけたのである。

大輪田泊（兵庫津）

経ヶ島はこの辺りに築造されたと考えられている

▲大輪田泊は神戸港西側の一部に当たり、現在の神戸市中央卸売市場周辺にあった

▲兵庫区の築島水門近くに展示された「古代大輪田泊の石椋」。かつての港湾施設の一部と考えられている

＊大輪田泊（神戸市）、河尻泊（尼崎市）、魚住泊（明石市）、韓泊（姫路市）、樋津泊（たつの市）の5港

清盛は大輪田泊の防波・防風目的で、私費と約10年の歳月を費やし、日本最初の人工島といわれる経ヶ島（築島）を築造した。現在ではその場所は特定されていないが、これにより大型船の停泊が可能になった大輪田泊は日宋貿易の拠点となり、宋から香料や医薬品、陶磁器などが輸入され、日本からは刀剣や水銀、砂金などが輸出された。特に、輸入された大量の宋銭は平氏の経済力を強めるとともに、日本の貨幣経済の始まりとなった。

その後も清盛はさらなる修築を進めようとしたが、源平争乱の勃発および清盛の死によって中絶。鎌倉時代以降は、東大寺の復興で知られる僧・重源に修築が受け継がれ、兵庫津と呼ばれるようになった。室町時代には日明貿易の主要港、江戸時代には北前船などの寄港地としても賑わいを見せ、幕末の神戸港開港（☞P68）に至る。

工事の完成を願い 自ら海に沈んだ少年

清盛による大輪田泊の修築には、一人の少年にまつわる人柱伝説がある。経ヶ島の築造は、速い潮流で埋め立て用の土砂が流される難工事だった。清盛が陰陽博士に対策法を占

▲兵庫区の「清盛塚」。現在では墳墓でないことが判明しているが、古くから清盛の墓だと伝えられてきた（写真：神戸観光局）

わせると、工事での災難は竜神の怒りによるものであり、それを鎮めるためには30人の人柱と一切経を記した石を沈めるのが良いとの答え。そこで清盛は人柱にすべく30人の旅人を捕らえたが、それを見かねた清盛の侍童で17歳の松王丸が、自分が30人の身代わりになると申し出たのである。最初こそ清盛は拒否したが、最終的には松王丸の意志を受け入れ、松王丸を入れた石櫃が経石とともに沈められたという伝承がある。そして承安4年（1174）、島の築造が完了。経ヶ島の名は経石を沈めたからといわれている。現在の兵庫区にある来迎寺は、自らの意志で人身御供になった松王丸の行動に感動し、その菩提を弔うため、当時の二条天皇（清盛との説もあり）が建立したと伝わる寺院。境内には、松王丸の供養塔が立っている。

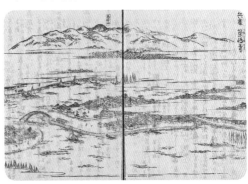

▲江戸時代の『摂津名所図会』に描かれた来迎寺（築島寺）。寺の建つ場所が経ヶ島とされる（写真：国立国会図書館デジタルコレクション）

◀古くは築島寺と呼ばれていた来迎寺。創建時は違う場所にあったが、第二次世界大戦での焼失後、現在地に再建された（写真：神戸観光局）

平清盛の夢の跡
わずか半年の運命だった
神戸の都、「福原京」

平氏一門が帰依した能福寺。
「兵庫大仏」で知られる（写真：神戸観光局）▲

遷都を急いだ清盛

　日宋貿易の拠点とすべく大輪田泊（☞P46）の修築に着手した平清盛は、仁安2年（1167）に太政大臣となって政権を樹立したが、大病を患って翌年に出家。さらに翌年、現在の神戸市中央区と兵庫区付近の福原に居を構え、周辺には平氏一門や貴族の邸宅が立ち並んだ。福原から大輪田泊まではおよそ2.5km。清盛は福原を拠点として日宋貿易を掌握し、大輪田泊を中心とした国際貿易都市づくりを目指したといわれる。ほかに、対立を深めていた後白河法皇を中心とする朝廷や、何かと政治に干渉をしてくる京都や奈良の寺社勢力から距離を置く意図もあったようだ。

　安元3年（1177）、後白河法皇の近臣らが京都・鹿ケ谷で行った平氏打倒の謀議が発覚。清盛は多くの近臣を処分した。2年後、清盛は京都を制圧して後白河法皇を幽閉。治承4年（1180）には高倉天皇の皇子であり、自身の孫でもある安徳天皇をわずか3歳で即位させ、後見役として最高権力者の地位をつかんだ。

　しかし、ここで立ち上がったのが後白河法皇の第3皇子・以仁王。治承4年4月、以仁王は平氏追討の令旨を全国の源氏などに発した。そこで清盛は同年6月、安徳天皇や高倉上皇、後白河法皇、平氏一門を伴い、福原への行幸を行った。敵対勢力から逃れるほかに、安徳天皇を中心とする

大輪田泊と福原京の推定地

福原京の推定地

大輪田泊の推定地

▶頼盛の別荘は現在の荒田八幡神社周辺にあったとされ、境内には「安徳天皇行在所址」の碑が立つ

◀清盛は平安京のような都づくりを目指したが、山と海に挟まれた福原は、大規模な都の造営には向いていなかった

葛飾北為『福原殿舎怪異之図』

◀福原遷都後の清盛は、心安まることなく、悪夢や妄想に取り憑かれていたという。その情景を描いたもの（写真：国立国会図書館デジタルコレクション）

新王朝にふさわしい都を建設する目的もあったといわれる。福原到着後の清盛は、弟・頼盛の別荘を仮の内裏とし、福原からも近い和田（輪田）に「和田京」の造営を計画するが、土地が手狭なために断念。ほかの候補地を探す間、福原が皇居となった。これが、いわゆる福原京遷都である。

わずか半年で還都

しかし、整備も行われていない場所への急な遷都には、高倉上皇や平氏一門からも反対の声が上がり、源頼朝や木曽義仲の挙兵、延暦寺宗徒の蜂起など、反平氏勢力の広がりは予想以上に大きかった。その鎮圧が急務となり、遷都から約半年後、清盛は平安京へと再び都を戻すことになった。だが、翌治承5年、病に倒れ世を去ってしまう。

この慌ただしい遷都と還都によって、平氏の威信は著しく失墜した。そして、寿永3年（1184）の「一ノ谷の戦い」（☞P52）で敗北した平氏は福原を捨てて西国へ落ちていき、元暦2年（1185）の「壇ノ浦の戦い」に敗北して、滅亡する。幻の都といわれる福原京の実態については不明だが、兵庫区や中央区では遺構や遺物などが発見され、歴史の解明が進みつつある。

▲兵庫区にある能福寺は清盛が出家した寺とされ、境内の「平相国廟」は清盛の墓所と伝えられている

▲清盛の福原での邸宅「雪見御所」は、現在の湊山小学校周辺にあったとされ、小学校脇に碑がある

大輪田泊に入ってきた宋人と宋銭

平清盛は『平家物語』で悪人として描かれた。鎌倉時代に成立し、琵琶法師によって広まった『平家物語』だが、仏教的な無常観や因果応報という視点で貫かれており、権力を独占しておごり高ぶったゆえ、平氏は滅亡したのだと認識させるため、ことさら清盛を悪党に仕立てている。

後世、このイメージはますます増幅されていったわけだが、『十訓抄』では次のような逸話が紹介されている。

「清盛は、相手のつまらぬ冗談でも笑ってやり、部下が失敗をしても決して怒らない。小姓たちより早く目が覚めたときなどは、彼らを起こさないよう音を立てずに部屋をそっと出、そのまま寝かせてやった。どんな身分低き者も、大勢の前では丁重に扱った」

繊細な心配りは家臣に対してばかりではなかったようだ。誰とでも円満な関係を築くことを心がけ、政敵をつくることを避けている。たとえば、後白河上皇と息子の二条天皇が対立したことがある。このとき清盛は「ヨクヨクツツシミテ、イミジクハカラヒテ、アナタコナタシケルニコソ」という態度をとったと、同時代の慈円が『愚管抄』に記している。すなわち「アナタ」と「コナタ」の両方に配慮しながらうまく行動したのである。

清盛はまた、たいへん合理的思考の持ち主だった。祈祷で雨を降らせて昇進した僧侶の話を聞いたとき、「病人などは時がくれば治る。旱天も続けば、自然に雨も降るものだ」と言って、その法力を真っ向から否定している。

なお、本文では、大輪田泊の修築で清盛が30人の人柱を立てようとしたさい、17歳の松王丸が身代わりになった逸話を紹介したが、『平家物語』のほうでは、人柱というしきたりは罪深いので、人間に代わって石に一切経を書いて海に沈めたとある。

もちろん、迷信を信じないわけではない。同じ『平家物語』には、清盛が大輪田泊の近くにもうけた福原の地に住み始めた頃、庭に大木などないのに、夜、いきなり大木が倒壊した音が聞こえた。さらに2、3千人が虚空でどっと笑う声がする。清盛は「天狗の仕業に違いない」と述べ、昼夜見張りを多数配置し、ときおり、魔除けの矢を中空に向けて射させた。天狗がいる方向に矢を発射すると何の声もしないが、いないところに向けて放つと、どっと笑う声がしたという。つまり、人柱は迷信だと考えたが、天狗の存在は信じていたようだ。

嘉応2年（1170）、初めて大輪田泊に宋船が入港した。そこで清盛は「宋人に会いませんか」と後白河法皇に声をかけた。後白河は極めて好奇心が強く、市井の祭に飛び入り参加したり、庶民に平然と声をかけるような性格だったから、めったに見ることができない外国人に興味をもたないはずがない。案の上、

みずから大輪田泊まで出向いて宋人と対面している。

じつは遣唐使派遣が途絶えて以後、九州の大宰府で民間交易がなされ、唐物(中国製品)は珍重されていた。一方、都の貴族は外国人を賤しい存在と認識するようになっていた。だから後白河の行為に対し、右大臣の九条兼実などはその日記『玉葉』で、「未曾有のことで、天魔の所業だ」と強く非難している。

翌承安元年(1171)7月、平清盛は珍し物好きな後白河法皇に羊5頭と麝香鹿1頭をプレゼントした。羊や麝香鹿は、宋船に乗って中国からやってきたものだった。きっと後白河は大いに喜んだろう。

当時の清盛は、娘の徳子を高倉天皇に入内させたいと考えており、そのため朝廷で大きな権限を有する後白河の歓心を買うよう心がけていた。プレゼントもその一環だったと思われる。

こうして都にもたらされた珍獣だが、麝香鹿の生存はわからないが、羊2頭はまもなく死んでしまった。すると承安元年10月、残りの羊3頭が清盛のもとに送り返されてきたのだ。羊が京都に入ってからまもなく疫病が発生し、多くの者が罹患して苦しみはじめた。当時は、外国の動物が病気を流行させるという考え方があり、貴族たちは「この病は羊が持ち込んだものに違いない」と騒ぎだした。そこで疫病の原因である羊を追い出すことにしたのだという。

なお、大輪田泊で日宋貿易をおこなった清盛だが、本文でも触れたとおり、大量に宋銭の輸入を始めた。周知のように、古代日本では皇朝十二銭などの貨幣をつくっていたが、10世紀の半ばに製造をやめてしまった。現在と同様、当時も信用貨幣だった。

たとえば、一万円札は1枚つくるのに17円しかかからないが、私たちは日本国を信用して1万円として用いている。それは和同開珎も同じこと。1枚500円程度の価値で流通させたが、原価はずっと安かった。しかし、皇朝十二銭も平安時代初期になると、造りが粗雑になったこともあり、貨幣は信用を失い、再び絹や米を貨幣がわりに使用するようになった。

ところが清盛は、宋という強大な国家が製造した宋銭を大量に輸入し、宋の威光を背景とした信用貨幣制度を復活させたのだ。しかも、平氏が貨幣の輸入と頒布を独占した。すなわち、貨幣発行権を握ったのと同じことになる。こうして清盛は通貨を流通させ、平氏による経済支配を強化しようと考えたのだろう。

ともあれ、これ以後も中国(宋、明)の貨幣が国内に流通するわけで、清盛の政策が日本の金融制度に革命的な変化をもたらすことになったのである。

▲宋銭

文=河合 敦(かわい・あつし)
歴史作家・歴史研究家。1965年東京都生まれ。早稲田大学大学院修了後、日本史講師として教鞭をとるかたわら、多数の歴史書を執筆。テレビ番組のNHK『歴史探偵』の特別顧問として人気を博す。多摩大学客員教授。

「鵯越の逆落とし」で名高い
源平合戦の「一ノ谷の戦い」
断崖を下ったのは誰?

一ノ谷古戦場の跡にある
須磨浦公園▶

鹿が通るなら馬も通る

　平安時代末期に行われた源平合戦で、平氏滅亡を決定づけたといわれる重要な戦いが、福原や須磨(現神戸市)で行われた「一ノ谷の戦い」だ。この戦いは、源 義経による「鵯越の逆落とし」のエピソードで名高い。

　寿永2年(1183)、北陸の倶利伽羅峠で木曾義仲に敗れた平氏、義仲軍が京都に近づいてくると、安徳天皇と三種の神器を伴い、西国へ逃げ落ちた。しかしその後、源頼朝と義仲による源氏同士の争いが勃発。その隙に態勢を整えた平氏は、かつて 平 清盛が遷都した福原へ本拠地を移した。そこへ翌寿永3年、後白河法皇による平氏追討の院宣のもと、三種の神器を奪還すべく福原へ攻め入ったのが、源範頼と義経の兄弟である。

　平氏は福原を中心として東西に陣を構えたが、西の一ノ谷を攻めたのが義経軍と土肥実平軍。背後の鵯越に移動した義経は、断崖絶壁を真っ逆さまに駆け降り、平氏の一ノ谷陣営を奇襲。不意を突かれた平氏軍は総崩れになって敗走した。義経は、鹿ならともかく馬で通るのは無理といわれる断崖を、「同じ四つ足の鹿が通れるなら馬も通れる」とうそぶき、奇襲を実行したという。

平氏の趨勢を決めた一戦

　しかし近年、義経による鵯越の逆落としはフィクションだという説が有力になっている。大きな理由の一つが、場所の矛盾だ。

　一般に知られている鵯越の奇襲は、『平家物

一ノ谷の戦い

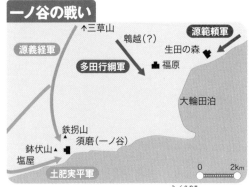

↑三草山
鵯越(?)
源範頼軍
源義経軍
多田行綱軍
生田の森
■福原
大輪田泊
鉄拐山
鉢伏山▲　須磨(一ノ谷)
塩屋
土肥実平軍
0　　　2km

京都を出た義経は現在の加東市にある三草山で平氏軍を夜討ちで破り(三草山の戦い)、一ノ谷へ向かった

▲三草山から鵯越までの義経一行の進軍ルートは「義経道」と呼ばれ、ハイキングコースにもなっている

歌川国芳
『義経之軍兵一ノ谷逆落之図』

左の急勾配を駆け降りるのが義経。鵯越の逆落としは、壇ノ浦の戦いで8艘の船に飛び移ったという「八艘飛び」と並ぶ義経の離れ業だが、逆落とし自体が創作との説もある（写真：東京都立中央図書館）

語』や『吾妻鏡』が元になっている。『平家物語』では、鵯越は一ノ谷の背後にあると記されているが、実際の鵯越は一ノ谷から約7〜8kmも東にある。鵯越を駆け降りた後、一ノ谷まで移動して奇襲したとは考えにくい。

この奇襲で、今注目を集めている資料が、平安時代末期から鎌倉時代初期にかけての公卿・九条兼実の日記『玉葉』だ。後世に書かれた『平家物語』や『吾妻鏡』とは異なり、『玉葉』には当時の政治や社会情勢が詳細に書かれ、源平合戦を知るうえでも一級の史料とされている。

『玉葉』には逆落としの記述はないが、義経が一ノ谷を落としたと記されており、さらに、山手から攻めた多田行綱が、平氏の本拠の福原を落としたとある。この「山手」が鵯越に当たり、範頼軍と義経軍が東西から平氏軍を挟んでけん制している隙に、行綱が背後の鵯越から福原を奇襲したというのである。

行綱は福原近辺を本拠にしており、土地勘があったといわれている。一方で、一ノ谷の背後にも鉢伏山や鉄拐山がそびえており、義経は鉄拐山から逆落としをしたともいわれ、これが鵯越の逆落としだとする説もある。

一ノ谷の戦いは史料によって軍勢の人数なども異なり、鵯越の場所についての論争もある。だが、奇襲自体が義経の戦略で行われ、この戦によって平氏が大きなダメージを受けたのは確かなようだ。

▲義経が逆落としを行ったとの説もある鉄拐山からの、須磨方面の眺め

勇将の誉れ高き
楠木正成が散った
「湊川の戦い」

兵庫区の湊川公園にある楠木正成像▲

死を覚悟して戦地へ

　神戸市は「一ノ谷の戦い」（☞P52）以外にも、有名な戦いの場となった。鎌倉幕府滅亡後に後醍醐天皇と足利尊氏の間で行われた「建武の乱*」の一つの「湊川の戦い」だ。

　元弘3年（1333）に尊氏や新田義貞らとともに鎌倉幕府を倒した後醍醐天皇は、京都で天皇中心の「建武の新政」を開始。しかし、公家中心の体制に武士の不満が鬱積。尊氏は反旗を翻して鎌倉から京へ攻め上るも、義貞や楠木正成、北畠顕家らに撃退され九州へ下った。正成は、尊氏が必ずや息を吹き返すと見て、尊氏との和睦を後醍醐天皇に進言。しかし天皇や公家衆に相手にされず、謹慎を命じられる。同時に天皇は、義貞を総大将とする尊氏討伐軍を西に派遣した。

　その後、九州で態勢を立て直した尊氏は再び上京を開始。途中で光厳上皇から義貞追討の院宣を受けた尊氏の元には、後醍醐天皇に不満を持つ西国武士が結集した。その勢いに義貞軍は兵庫まで退却を余儀なくされ、後醍醐天皇は正成を呼び戻すことになる。

　正成は正面から戦っても勝ち目がないと、後醍醐天皇に比叡山への避難を進言。その間に正成軍と義貞軍で、尊氏軍を挟み撃ちにする策を考えた。しかし公家衆が「天皇を移すのはよくない」と却下。正面から戦いを挑むしかなくなった正成は義貞と合流すべく兵庫へ発ち、途中、摂津国桜井駅で、同行を望む

歌川芳廉『湊川大合戦図』

湊川の戦いは多くの武者絵や浮世絵の題材となった。この絵では左の岩上に正成がおり、川向こうから攻めてくる直義軍が描かれている
（写真：東京都立中央図書館）

* 建武の新政以降、室町幕府が成立するまでの建武2〜3年にかけて行われた、後醍醐天皇の政権と足利氏の一連の戦いを指す

湊川の戦いの布陣

当初は和田岬を固めていた義貞軍は、水軍の船団の動きに惑わされ、正成を孤立させてしまい、最終的には敗走した

息子の正行を押しとどめ、自分が果てても帝への忠義心を失わずに必ず朝敵を滅ぼすことを誓わせた。『太平記』に屈指の名場面として登場する「桜井の別れ」である。そして、建武3年（1336）の湊川での戦いとなる。

孤軍奮闘の末に自害

『太平記』によると、湊川の戦いでは尊氏率いる水軍、弟の直義率いる陸上軍からなる足利軍は約50万、義貞・正成の朝廷軍は約5万。これは誇張にしても、足利軍の戦力は朝廷軍をはるかに凌いでいたようだ。義貞は沿岸の和田岬、正成は弟の正季とともに内陸の湊川に布陣したが、戦闘開始後、尊氏は船団の一部を和田岬の東方に上陸させ、義貞軍を東へ誘導した。その船団に尊氏がいると思わせたのである。案の定、義貞軍が東へ移動すると、実際は後方の船団に乗っていた尊氏は、守りの薄くなった和田岬から上陸した。

これにより、義貞軍と分断されて孤立し、退路を断たれた正成軍は、約700人の兵力で直義軍に立ち向かった。一時は大将の直義の近くまで迫り、直義軍を須磨まで退却させたという。しかし、多勢に無勢の状況は変えようがなく、6時間で16度の突撃を繰り返した正成軍は73人にまで減少。命運尽きたと見るや、正成軍は湊川付近の集落へ落ち、正成

は正季と刺し違える形で自害した。その際、二人は再び人間界に生まれて朝敵を倒すことを誓い合ったといわれている。

結局、東へ移動した義貞軍も撤退し、湊川の戦いは朝廷軍の惨敗に終わった。しかし、文武に優れた正成の生きざまは後の世の武将たちの手本となり、特に、最後まで天皇に忠誠を尽くした勤王ぶりは、江戸時代の幕末の志士たちに大きな影響を与えたという。

▲正成自害の地に、明治5年（1872）に創建された湊川神社。正成以下、湊川の戦いで戦死した一族らを祀る

▲湊川神社には正成の墓所のほか、境内の最奥に正成一行が自害した「楠木正成戦没地」がある

国内初の官営鉱山として日本の近代化を支えた生野鉱山と2つの道

生野鉱山では坑道での
作業の様子を人形で再現している▲

土砂のように銀が採れた

16世紀に朝鮮半島から精錬技術の灰吹法が伝来して以後、日本の銀の産出量は飛躍的に増加し、日本は世界に名だたる銀の産出国になった。最多の産出量を誇ったのは最も早く開発が進んだ島根県の石見銀山で、それに次ぐといわれたのが朝来市の生野鉱山だ。

生野鉱山の発見は大同2年（807）と伝わるが、本格的な採掘が始まったのは天文11年（1542）、但馬守護職・山名祐豊の時代。生野に伝わる『銀山旧記』には、石見銀山から最先端の採掘・精錬技術を導入し、「銀の出ること土砂のごとし」だったと記されている。銀は権力者の重要な財源で、その後の織田信長や豊臣秀吉、江戸幕府も生野鉱山を直轄地

とした。8代将軍徳川吉宗の時代には最盛期を迎え、月に150貫（約562kg）の銀を産出。宝永2年（1705）には最上級の鉱山である「御所務山」に指定された。採掘された銀は、日本の代表的な輸出品となると同時に、当時の貨幣経済にも大きな影響を及ぼした。

明治元年（1868）、生野鉱山は日本の近代化を牽引する模範鉱山として、最初の官営鉱山となった。お雇い外国人として招かれたフランス人技師の指導のもと、西洋の最新技術を導入した近代的な工場群や鉱山学校、用水路などが建設された。明治22年には佐渡金山とともに宮内省御料局の所管となり、皇室財産に編入。明治29年に三菱合資会社へ経営が譲渡された後、昭和48年（1973）に閉山するまで日本の鉱業を支えた。操業時の坑道

▲現在は「史跡生野銀山」として整備されている生野鉱山。見学コースや資料館からなる観光施設となっている

▲生野町では市川沿いに、大正時代に活躍したトロッコの軌道跡があり、遊歩道になっている

▶鉱山労働者の風紀改善を目的とした江戸時代の『生野銀山孝義伝』に描かれた坑内作業の様子（写真：国立国会図書館デジタルコレクション）

は深さ880m、総延長約350km、採鉱鉱石は70種類以上にも及んだという。閉山の翌年からは観光施設として公開されている。

鉱山物資が行き交った道

　生野鉱山のある但馬地方は古来、日本有数の鉱山エリアで、140にものぼる鉱山があったといわれる。明治時代には生野鉱山に続いて、同じく朝来市の神子畑鉱山、養父市の明延鉱山と中瀬鉱山も官営となり、これらの鉱山を結ぶ輸送路の整備も始まった。明治9年には、生野鉱山と瀬戸内海の飾磨港（現姫路港）を結ぶ長さ49kmの馬車専用道が完成。最短かつ平坦なルートが選ばれ、重量のある鉱石の運搬にも耐えられる日本初の高速産業道路だった。その後、生野と神子畑を結ぶ鉱石運搬専用路、神子畑と明延を結ぶ明神電車（一円電車）なども開通した。

　現在、これらの鉱山は閉山しているが、姫路港と生野を結ぶ道は「銀の馬車道」、生野から神子畑、明延を経て中瀬に至る道は「鉱石の道」と呼ばれている。2つの道は、合わせると全長73km。明治の面影を残す宿場町を経て鉱山町、各鉱山へ至るこれらの道は、「播但貫く、銀の馬車道 鉱石の道」として日本遺産に認定されている。

「銀の馬車道」と「鉱石の道」

▲近畿地方最大級の金山で、レアメタルの一種であるアンチモンの産出量は日本一だった。跡地には、当時使用されていたトロッコの車両が展示されている

▲鉱山として栄えた後に明延鉱山の選鉱場となり、東洋一の生産量を誇ったといわれる

養父市
中瀬鉱山
鉱石の道
明延鉱山
神子畑選鉱場
朝来市
生野鉱山
（史跡
生野銀山）
神河町
銀の馬車道
市川町
福崎町
姫路市
飾磨港
（現姫路港）

0　　10km

▲東大寺の大仏鋳造の際に銅を献上したと伝わる。昭和時代、錫の産出量は日本一を誇った。坑道見学会や、当時「一円電車」と呼ばれた鉱山電車の運行が行われている

▲生野鉱山の物資を専用に扱う港だった飾磨津物揚場跡にはレンガ製倉庫や港湾護岸が残る

一度は見てみたい絶景！
雲海に浮かぶ
「天空の城」竹田城

虎が伏せたように見える古城山にある竹田城には、
「虎臥城」との別名もある▲

羽柴秀吉の但馬攻めで落城

　日本の城には山頂などの高所に築かれたものが多いが、その中でも「天空の城」として有名なのが朝来市の竹田城（跡）。標高353.7mの古城山の山頂に築かれた山城である。現在は石垣が残るのみだが、特に秋から冬にかけて発生する雲海に浮かび上がる姿は、まさに天空の城さながらの絶景で、「日本のマチュピチュ」とも呼ばれている。

　竹田城の築城年については定かではなく、言い伝えでは、嘉吉3年（1443）頃に但馬守護の山名持豊（宗全）が築き、重臣の太田垣光景が初代城主になったとされる。当時の山名氏は播磨の赤松氏と敵対関係にあったことから、赤松氏に対する最前線基地の一つとして築城されたと考えられている。築城当時の様子も不明で、山頂から伸びる3本の尾根上に曲輪が配置されていたようだ。

　太田垣氏は7代にわたって竹田城主を務めたが、天正5年（1577）から始まる羽柴（後の豊臣）秀吉の但馬攻めにより、秀吉の弟・秀長が城代となった。そして天正8年の落城後は秀長配下の桑山重晴、さらに天正13年には播磨の赤松広秀（斎村政広）が入城。竹田城は、この広秀が城主の時代に総石垣造となり、最高所の天守台を中心とし、本丸の南に南二の丸や南千畳、北に二の丸や三の丸、北千畳、北西部には花屋敷と呼ばれる曲輪などが築かれたと考えられている。

　しかし、広秀は慶長5年（1600）の天下分け目の決戦では、西軍に属して東軍の田辺城

▲晩秋の朝に立雲峡から眺めた竹田城。濃霧に囲まれ、まさに空中に浮かんでいるように見える

▲天守台。天守の構造は不明だが、天守台に石段などの登り口がないことから、付櫓から天守に入ったと考えられている

▼天守台のある本丸から眺めた南千畳。総石垣になる前は土塁で囲まれていたといわれている

◀「穴太積み」とも呼ばれる野面積みには、石がかみ合っていない分、排水性に優れ崩壊しにくいという利点がある

を攻めるが、関ヶ原の戦い後、東軍に加担。鳥取城を落城させるも、城下を焼き打ちして民家に放火したことから、東軍総大将の徳川家康に自害を命じられた。城主のいなくなった竹田城は山名豊国に接収されたが、最終的に廃城となった。

石工集団が築いた石組み

　廃城後に建造物が失われて石垣のみが残る竹田城だが、縄張りは東西約100m、南北約400mに及び、完存する石垣遺構としては全国屈指の規模。改修から400年以上たった今でも石垣が勇壮な姿を見せているのは、「野面積み」で築かれたことが大きい。野面積みはさまざまな形状や大きさの自然石をほとんど加工せずに積み上げる技法で、竹田城の石垣は、近江（現滋賀県）の石工集団である穴太衆が手掛けたといわれている。安土城の石垣を築いたことで世に知られるようになった穴太衆は、大坂城や江戸城の築城でも活躍した石積みのプロフェッショナル集団。彼らが得意とした

野面積みは、粗野に見えながら、比類なき強度を誇るという。穴太衆は竹田城のすべての石組みを手掛けたわけではないようだが、現在でも修復は穴太衆の流れをくむ職人たちによって行われている。こうして維持されてきた石組みの遺構が、"マチュピチュ"と呼ばれるゆえんだ。

　近くを流れる円山川から発生する蒸発霧である雲海は、昼夜の気温差、湿度、天候や風の強弱などさまざまな条件が重なって発生し、特に晩秋の発生率が高いといわれる。運よく発生したなら、城の東に位置する立雲峡の第一展望台から、「天空の城」の絶景を楽しむことができる。

南千畳　南二の丸　本丸　花屋敷　二の丸　三の丸　北千畳
▲空から見た竹田城。鳥が頭を西方へ向け、両翼を広げて飛ぶ姿にたとえられる

豊臣秀吉の天下統一を支えた軍師・黒田官兵衛は兵庫県のどこで生まれた?

黒田氏ゆかりといわれる姫路市の広峯神社。境内には官兵衛神社もある▲

「中国大返し」を進言

兵庫県にゆかりの深い戦国武将の一人に、黒田孝高がいる。一般には、元服後の通称である官兵衛、出家後の如水の名で知られ、"稀代の天才軍師"といわれるが、伝説や謎の多い武将だ。

官兵衛は天文15年(1546)、現在の姫路市にあった御着城主・小寺氏に仕えていた黒田職隆の長男として生まれた。永禄10年(1567)前後に家督を継いで小寺家の家老となり、姫路城の城代となった。天正3年(1575)、播磨は織田信長と毛利輝元による勢力争いで揺れており、家中の大半が毛利方につくことを主張する中、信長の将来性を見込んだ官兵衛は、主君の小寺政職に織田方に

◀軍師、智将などと言われる官兵衛の逸話の多くは創作とされるが、抜きん出た才覚の持ち主だったのは確かなようだ
(写真：国立国会図書館デジタルコレクション)

つくよう説得。信長に謁見し、小寺氏の全面協力を約束した。この時に信長から与えられた刀の「圧切長谷部」は、現在では国宝に指定されている。

翌天正4年、小寺氏が織田方についたことを知った輝元が、5000の軍勢で播磨に侵攻。官兵衛は500の兵で奇襲をしかけ、撃退した(英賀の戦い)。その後、信長の中国攻めでは、

▲御着城址にある黒田家廟所。黒田氏が福岡藩主となってから築いた墓所で、官兵衛の生母と祖父の重隆を祀る

▲官兵衛の幽閉で名高い有岡城址。公園として整備され、石垣や土塁、礎石、井戸跡などが公開されている

▼官兵衛の黒田出生との根拠となる『荘厳寺本黒田家略系図』を所蔵する荘厳寺。系図の複製が公開されている

◀黒田氏代々の居城と伝わる黒田城址。城郭全体の様相は不明で、現在、山頂の本丸跡には稲荷神社が鎮座する

大将の羽柴秀吉に姫路城を譲り、自身は南の国府山城に居を移した。天正6年には信長に反旗を翻した重臣・荒木村重を説得するため、単身で有岡城（伊丹城）に乗り込んだ。しかし、逆に捕らえられて地下の土牢に幽閉されてしまう。1年後、有岡城は信長軍の攻撃で陥落し、官兵衛も救い出された。だが、日も差さずじめじめした場所に1年間も閉じ込められていたため頭髪は抜け落ち、膝も曲がったままで、それは生涯治らなかった。

　天正10年、秀吉の備中高松城攻めの際に本能寺の変が起こると、信長の死を嘆き悲しむ秀吉に対し、官兵衛は「天下取りの好機」と「中国大返し」を進言したとされる。山崎合戦で明智光秀を討った秀吉は、天下統一へと歩を進める。そして秀吉の九州攻めの際には軍事司令官（軍監）として豊前国（現大分県）に上陸。次々と城を攻略して秀吉の九州平定に貢献し、豊前に12万5000石与えられ九州に拠点を移した。天正17年、44歳で家

督を長男の長政に譲り、剃髪。慶長5年（1600）の関ヶ原の戦いでは、長政が徳川家康方につく一方、官兵衛は豊前の中津城を拠点に挙兵、石垣原の戦いなどに勝利して九州の大半を平定。真偽は定かではないが、天下をも視野に入れていたとされる。晩年は京都などに住み、有馬温泉にも赴いている。そして慶長9年に59歳で生涯を閉じた。

生まれは姫路？　西脇？

　黒田家は近江国黒田邑（現滋賀県木之本町）が発祥で、備前国（現岡山県）福岡を経て播磨国姫路へと移り、官兵衛は姫路城で生まれたとするのが通説だ。しかし、これは江戸時代の『黒田家譜』によるところが大きく、その記述には曖昧な点が多い。近年、注目を浴びているのが、西脇市黒田庄町黒田の生まれだとする説だ。黒田の古刹・荘厳寺に伝わる『荘厳寺本黒田家略系図』や、『播磨古事』などの書物が根拠とされているが、曖昧という点では『黒田家譜』と変わりがない。しかし黒田周辺には、黒田氏の居城といわれる「黒田城址」、居館があったと伝わる「姥が懐」などが点在する。通説とは異なるもう一つの生誕地である。

▲黒田氏の邸宅は、黒田城のある山の麓の姥が懐にあったとされ、その場所には「黒田官兵衛生誕地」の碑が立つ

世界遺産にもなった白く輝く「白鷺城」——姫路城はどこがすごい?

姫路城には多彩な瓦紋が見られる。揚羽蝶の瓦紋は池田家の家紋を表す▲

秀吉が築いた城の基礎

日本には、戦国時代や江戸時代の天守が12現存するが、国宝指定の5天守の一つで、唯一世界遺産に登録されているのが姫路城だ。小高い姫山に立ち、白漆喰の外壁と、鳥が翼を広げたような天守群の様子から、「白鷺城」の別名を持つ優雅な城である。

姫路城の歴史は、鎌倉時代に倒幕の兵を挙げた西播磨の赤松則村が、京への進軍途中に姫山の重要性に目をつけ、正平元年(1346)に築かせた城に始まるという。その後、天正8年(1580)の中国攻めの際、羽柴秀吉が当時の城主、黒田官兵衛から譲り受け、毛利氏に対抗する本拠地として本格的に改修。翌年に完成したのが現在の姫路城の基礎となる。

秀吉が没し、政権が徳川家康に移ると、姫路城は江戸幕府の西の要と位置づけられ、慶長5年(1600)、家康の娘婿である池田輝政が入城。輝政は8年にわたる大改修を行い、ほぼ現在の姿に近くなった。この大改修で秀吉時代の天守が除かれ、その跡地に現在の大天守が建てられた。小天守や大手門から天守に至る複雑な縄張も、この時代のものだ。元和3年(1617)には池田氏に代わって本多忠政が入り、長男・忠刻とその妻・千姫の住居とするため、西の丸を整備した。

日本の城郭建築の最高峰

姫路城が世界遺産に登録されたのは、設計技術と装飾美の両面において木造建築の最高峰に位置づけられる建築物であり、機能的な

▲平成の大修理では100tもの漆喰が使用され、修復直後には「白すぎる」との声も上がったほどだった

▲迷路のように複雑な城内道は進むうちに天守が見えなくなり、目指す方向が間違っているのではという心理的不安を与える構造になっている

▼城内には長方形の矢狭間や、円形や三角形の鉄砲狭間など、約1000カ所の狭間が見られる

▼大天守と小天守や櫓などをつないでロの字型とする連立式天守は、防御性が比較的高い天守の構成とされている

◀大天守や小天守の内部には、鉄砲や弓、槍などを掛けておく武具掛けが随所に設けられている

防衛設備を備えた17世紀初頭の日本を代表する城郭建築であるため。中心となる天守群は、5層7階建ての大天守を一つの角とするロの字の各角に東、西、乾の3つの小天守が配され、それらをイ、ロ、ハ、ニの渡櫓がつなぐ構造。連立式天守と呼ばれる配置で、多くの屋根や唐破風、千鳥破風が重なり、白漆喰の城壁と相まって美しい姿だ。

17世紀初頭の姫路城は、螺旋状に渦巻く3重の堀に囲まれた渦郭式で、外堀の総延長は約12kmに及んだという。城郭は内堀の内側にあり、北側の姫山に天守、敷地全体に曲輪が、やはり螺旋状に配されていた。しっかりと縄張を行った上で、迷路のごとく複雑に曲折した曲輪を配し、細部の工夫に、戦時を想定した微細な設計がなされた。容易に出入りができぬよう数々の狭く頑丈な門が作られ、土塀や櫓には石落としと呼ばれる仕掛けが設けられ、弓や鉄砲を使うための狭間が多い。美しさとともに、優れた要塞としての機能も兼ね備える姫路城は、日本の城郭建築の魅力が存分につまった城なのである。

何より素晴らしいのは、城全体が良好に保存されていることだ。姫路城は築城以来、ほとんど戦いに巻き込まれたことがなく、江戸時代の一国一城令や明治時代の廃城令による棄却、第二次世界大戦による破壊も免れた。実は昭和20年（1945）の姫路空襲の際には姫路城内にも焼夷弾が落とされたが、奇跡的に不発弾だったという。そして、昭和31年からの大天守等の解体修理である「昭和の大修理」、2009年からの保存修理を目的とした「平成の大修理」によって、美しい白亜の姿を現在に保っているのである。

▲本丸下の一角にあるお菊井戸。皿を数えるお菊の亡霊で有名な怪談『播州皿屋敷』に登場する井戸だといわれる

『忠臣蔵』だけじゃない！
赤穂藩を震撼させた
3つの「赤穂事件」

赤穂大石神社の参道には
47士の石像が並ぶ▲

改易の原因となった
藩主の乱心

　兵庫県にあった藩の中でも特に知られているのが、『忠臣蔵』でおなじみの赤穂藩だろう。『仮名手本忠臣蔵』などの忠臣蔵作品は、元禄時代の赤穂藩主・浅野内匠頭長矩の刀傷沙汰から始まった「赤穂事件」を題材とした作品。この事件は「元禄赤穂事件」とも呼ばれるが、「元禄」と元号がつくのは、ほかにも大きな赤穂事件が起こっているからだ。

　赤穂藩は姫路藩主・池田輝政の5男・政綱が、元和元年（1615）に入封したことから始まり、この池田氏の時代にも事件が起こっているのだ。政綱の死後、世継ぎのなかった池田家は一時的に改易となるが、政綱の弟で徳川家康の外孫に当たる輝興が藩主となった。輝興は城内や城下で日本初といわれる上水道工事を行うなど善政を敷いたが、正保2年（1645）に突如乱心。正室や侍女数人を斬り殺したのである。輝興は池田氏本家の岡山藩預かりとなり、赤穂池田氏は改易となった。この事件は「正保赤穂事件」と呼ばれる。

　続いて赤穂藩に入封したのは、広島藩の浅野氏を本家とする浅野長直。次の大事件は3代藩主、長矩の時代に起こる。元禄14年（1701）、江戸城松之廊下で、長矩が高家筆頭の吉良上野介義央に斬りかかったのだ。刃傷沙汰の理由は不明だが、時の5代将軍徳川綱吉は激怒し、長矩に即日切腹を命じた。また、浅野氏は改易となり継絶。一方の上野介は何の咎も受けなかったことから、これに不満を抱いた大石内蔵助良雄を筆頭とする浅野氏の遺臣47名が、翌年、吉良邸に討ち入り。主君の仇を討った後、切腹して果てた。この一連の事件が元禄赤穂事件である。

▲赤穂藩主の居城だった赤穂城は浅野長直が築いた。現在は天守台や石垣が残るほか、本丸庭園や大手門、大手隅櫓などが再建されている

◀赤穂藩の上水道は神田上水（東京）、福山上水（広島）とともに日本三大上水道に数えられ、赤穂市内にはその遺構が見られる

歌川芳員
『誠忠義士討入姓名』

赤穂浪士の討ち入り場面は浮世絵にも多く描かれた。ただし、江戸幕府を憚り、時代は室町時代、吉良上野介は 高 師直などに変えられているものが多い（写真：東京都立中央図書館）

幕末に起こった もう一つの忠臣蔵

　浅野氏の改易後は下野国烏山藩の永井氏が入封するが、5年後の宝永3年（1706）に転封。同年、備 中 国西江原藩主の森長直が入封し、廃藩置県まで森氏が赤穂藩主を務めることになる。この森氏の時代に起こったもう一つの仇討ち事件が、「文久 赤穂事件」だ。

▲赤穂城内、大石内蔵助の屋敷跡に立つ赤穂大石神社。良雄はじめ47義士らを祀り、義士史料館では義士ゆかりの品を展示する

▶赤穂義士たちが討ち入りを行った12月14日、赤穂市では毎年「赤穂義士祭」が行われる

　藩の財政窮乏や藩主の跡継ぎ問題で下級藩士の不満が高まっていた文久2年（1862）、攘夷派の下級藩士13人が、佐幕派の家老・森主税や藩政を担っていた村上天谷らを暗殺した。この後、天谷と敵対していた元家老が藩政に復帰したため、13人は何の咎も受けずに沙汰止みとなった。

　一方、断絶となった村上家では、天谷の遺子らが親の仇討ちを決意。明治4年（1871）、暗殺に関わった藩士のうち存命していた7人を高野山の麓で殺害した。この事件は、明治政府が「仇討ち禁止令」の太政官布告を発布する契機となり、「もう一つの忠臣蔵」と呼ばれている。

浅野家の断絶と赤穂城の明け渡し

元禄14年（1701）3月14日、江戸城松の廊下で播磨赤穂藩主の浅野内匠頭長矩が、いきなり小刀で高家肝煎（筆頭）の吉良上野介義央に背後から襲いかかった。

梶川与惣兵衛頼照が必死に浅野を抱きとめたので、吉良は浅手を負ったものの、命に別状はなかった。殿中での刃傷沙汰ゆえ、浅野は即日切腹、御家取り潰しとなった。

事件の一報が国元赤穂に伝わると、家臣たちは騒然となった。しかし城内で刀を抜いて人を殺めたのであれば、改易はやむをえない。

国元での最高責任者は、国家老の大石内蔵助であったが、最初に内蔵助は藩札（藩だけで通用する紙幣）の引き替えをおこなった。家が取り潰される際、藩財は家臣たちに分与され、藩札は紙切れに化してしまうことが多かった。それをあえて6割で換金したのである。この善政に領民は感激、領内は藩が消滅する日まで平静を保ち続けた。

3月25日前後のこと。吉良上野介が健在であり、幕府からお咎めもないという確報が赤穂に届いた。家臣たちは皆、吉良がその場で浅野に討たれたものと信じていた。「これは城内での両者の喧嘩であるのに、どうして浅野家だけが処罰されなくてはならないのか。」そう激高する者も少なくなかった。

そのため27日から3日間、家士全員による会議が催され、今後について審議された。ただ、議論百出してまとまらなかったので、家臣たちは最終決断を藩首脳部に迫った。

城代の大野九郎兵衛は「大学様（長矩の弟）による御家再興の可能性もあるので、幕府への心証を悪くしてはならない」と積極的開城論を主張した。これに対して内蔵助は、「開城のとき、家臣全員が大手門に端座し、一斉に腹を切って御家再興を嘆願しようではないか」というすさまじい意見を述べたのである。

吉良の健在を知って激高していた家士がほとんどだったから、大勢は瞬時にして内蔵助の意見へと傾いた。自分の命を預けると、内蔵助へ神文（誓約書）を提出する者も、六十数名におよんだ。

内蔵助が過激な論を吐いて家臣たちに死を覚悟させたのには、大きな狙いがあったという。幕府に対して浅野家の覚悟を示すことで、御家再興をはかろうとしたのだ。

3月29日、内蔵助は多川九左衛門、月岡治右衛門に自筆の嘆願書を持たせ、江戸へ急行させた。書は赤穂城を受け取りに来る大目付の荒木十左衛門と榊原采女に宛てたもの。そこには、「主君の不調法により城地没収との御沙汰、謹んでお受けいたします。ただ、我々は吉良様が亡くなられたとばかり思っていましたが、御健在であり、何のお咎めもないとのこと。そのため家臣たちが納得せず、城明け渡しに同意しません。年寄がなだめておりますが、無骨者の多い家中ゆえ、いかなる事態が起こるか予測できません。なにとぞ納得

できる公平な裁定をお願いいたします」と記されていた。

これは嘆願書というより、脅迫文に近い。内蔵助は、幕府首脳部に対して勝負に出たのであろう。が、もくろみは崩れ去ってしまった。

内蔵助が派遣した使いが江戸へ着いたとき、大目付はすでに赤穂へ出立したあとだった。困った彼らは赤穂藩の江戸家老に相談してしまう。事実を知った家老や浅野家の親戚大名たちは仰天し、浅野大学（長矩の弟）や戸田氏定（長矩の従兄）から諫書が届き、内蔵助のもくろみは失敗に終わった。

内蔵助はきっぱりと計画をあきらめ、開城のための準備に専念した。同時に、家臣たちへ藩財の分配をおこない、浅野家の永代供養料を諸寺へ納入した。分配金については、高禄の者に薄く、薄禄の者に厚くし、みずからは一銭も受け取らず、その高潔ぶりは諸人を感動させた。

4月18日、脇坂安照（わきさかやすてる）と木下公定（きのしたきんさだ）の大軍が赤穂藩領を包囲するなか、荒木と榊原の両目付が内蔵助の案内で赤穂城へ入り、検分をおこなった。城内は見事に清掃が行きとどき、諸道具も整理され、目録もすべて作成されていたので、彼らは感じ入った。

このおり内蔵助は両使に対し、3度までも御家再興の件を幕閣へ伝えてくれるよう、慇懃（いんぎん）に頭を下げた。聞こえぬふりをしていた2人だが、哀れに思ったのだろう、役分を超えて言上を約束したという。こうして城受け取りの手続きが完了、翌朝、脇坂と木下の軍勢が入城、赤穂城は没収された。翌4月19日、赤穂藩は正式に断絶。無血開城したその日から30日以内に、赤穂藩士は退去するよう、

高札による勧告が出された。士分を捨て赤穂に土着する者もあったが、多くはつてを頼って他所へ散っていった。

赤穂城が開城してしばらくは、内蔵助は残務整理のため多忙な日々を送っていたが、5月半ば、過労がたたったのか左腕に悪性の腫れ物ができ、悪化して床についてしまう。完治するのに1月以上かかったと伝えられる。

体調を回復した6月24日、華嶽寺（かがくじ）で亡君の百箇日法要をいとなみ、翌25日、住み慣れた赤穂を去って海路大坂へ向かい、そこから京都へ入った。以後、二度と内蔵助は赤穂の地を踏むことはなかった。

ただ、それからも内蔵助は、京都山科を拠点に猛烈な御家再興運動を展開。浅野長矩の弟大学に浅野家を継がせるべく、あらゆるつてをたどり、惜し気もなく金品を費やして幕閣へ働きかけた。

しかし元禄15年（1702）7月18日、浅野大学は本家の芸州浅野家へ御預け処分となり、御家再興はかなわなかった。ここにおいて内蔵助は、この不公平裁定を糺（ただ）すべく、同年12月14日、46人の浪士を率いて本所の吉良邸へ討ち入り、吉良の首をとり、亡き主君・長矩の墓前に供えたのである。

▲再建された赤穂城大手隅櫓

兵庫だったはずが……。
神戸の開港と
外国人居留地の誕生

開港前の神戸に勝海舟が設置した
神戸海軍操練所跡の碑▲

兵庫から神戸へ

　国土交通省が発表した港湾別貿易額ランキング（2020年）で、東京港、名古屋港、横浜港に次ぐ4位になった神戸港。国際貿易港として発展してきたこの港が開港したのは、慶応3年12月7日（1868年1月1日）のことだった。

　神戸港開港から遡ること10年。安政5年（1858）に結ばれた「日米修好通商条約」で、長崎、神奈川、新潟、兵庫、箱館（函館）の開港が決まった。条約では兵庫は1863年には開港することとなっていたが、攘夷運動の隆盛、先行して開港した箱館・横浜・長崎での貿易開始による経済混乱、孝明天皇とその周辺からの強い拒絶反応などがあり、兵庫開港の勅許が得られなかった。そこで幕府は

▲開港当時の神戸港。沖合に英米艦が停泊している。白い部分が居留地（写真：Kobe City Museum / DNPartcom）

ヨーロッパの締約国に使節を派遣し、交渉の末に5年延期の合意に達した。

　日米修好通商条約で開港場として指定された兵庫とは、古くは「大輪田泊（☞P46）」の名で知られた港のことであった。兵庫津として江戸時代には陸海の交易で栄えたが、外国人居留地を設けるには土地がなく、人口も多かったために治安上の問題も懸念された。

　そこで新たな候補地として検討されたのが、和田岬を隔てて東側に位置する神戸村であった。砂浜が広がる寒村でしかなかったが、西国街道が通り、小さいながらも船入り場もあった。なにより、居留地を設けるだけの土地があったのが大きかった。こうして、慶応3年に幕府が英米仏3カ国と取り交わした「兵庫大坂外国人居留地約定書」において、居留地の範囲が神戸村に確定され、兵庫開港は神戸開港へとすり替わった。

　しかし開港準備は遅れ、慶応3年の開港期日に完成していたのは、波止場と運上所（税関）、倉庫3棟だけだった。ともあれ神戸港の歴史は幕を切ったのであった。

神戸事件と居留地形成

　神戸は開港したが、まだ外国人居留地の造成は完成していなかった。そんな時期にこの

地で大きな事件が起こった。

　慶応4年1月の鳥羽・伏見の戦いの後、兵庫や神戸にいた幕府役人は江戸へ逃げ去り、英米仏の軍隊が神戸を守備していた。そこで明治新政府は長州と備前藩に西宮の警備を命じ、備前藩家老・日置帯刀が兵士450人余りを率いて西宮へ向かうことになった。

　ところが、神戸を通過し、三宮神社付近を通行しているとき、隊列を横切った外国人に対して備前藩兵が発砲し、負傷させてしまう。これを知った英米の守備隊が出動し、応戦。さらに神戸港を制圧し、諸藩の艦船を拿捕。居留地にバリケードを築いた。

　知らせを受けた政府は勅使を派遣し、6カ国の大使と運上所で会見。勅使は事件の責任が日本側にあることを認めて再犯防止を約束。発砲を指揮した日置の家来を死罪にしろという列国からの要求を受け入れる一方、拿捕した船の返却を約束させて決着をつけた。これが明治政府初の外交問題となった「神戸事件」である。

　兵庫大坂外国人居留地約定書に基づいて、居留地の造成工事が完成したのは、開港の翌年になってからだった。居留地の面積は約

▲明治30年頃の居留地を再現した、縮尺200分の1の模型。神戸市立博物館に展示されている（写真：Kobe City Museum / DNPartcom）

◀明治3年にJ.W.ハートが作成した居留地の計画書。合計126の区画に分けられた（写真：神戸市立中央図書館）

25万7000㎡あり、イギリス人土木技師J.W.ハートが区画割を設計。居留地中央をメインロードが貫通し、南北と東西に走る道路によって整然と区分けされた。道路は車道と歩道に分け、街路樹や街路灯を配置。下水道も完備していた。竣工した場所から4回に分けて競売により売却され、コロニアルスタイルで統一された建物が建造されていった。

　数年後、当時の英字新聞に「東洋一美しい居留地」と評価された神戸の外国人居留地は、明治27年（1894）に日英通商航海条約が締結されたことで返還が決定。明治32年に日本に返還された。その後は県内のビジネスの中心地として発展を遂げ、第二次世界大戦が始まるまで繁栄の時代を築いていった。

▲「史蹟 神戸事件発生地」の石標が境内南隅に建てられている三宮神社（写真：神戸観光局）

「文明開化」の最前線
神戸から広まった
海外からの文物あれこれ

明治時代の姿を残す
「旧神戸居留地十五番館」▲
（写真：神戸観光局）

神戸発の「衣」と「食」

　外国人居留地の完成に伴い、神戸港での貿易は活発化していった。また明治政府が諸外国と結んだ「兵庫大坂外国人居留地約定書」では、居留地の外でも外国人が日本人から土地や家屋を借りられることを認めていた。対象になった地域は「雑居地」と呼ばれ、居留地に比べて遥かに広い範囲であった。居留地がビジネスの場として発展したのに対し、雑居地は日本人と外国人が共生、融合しながら暮らすエリアとして賑わっていった。そうした要因もあって、神戸には多様な西欧文化がもたらされたのであった。

　西欧文化の流入として代表的なもののひとつが、洋装化であった。明治2年（1869）、居留地内にイギリス人のカペルが洋服店を開業。上流階級の人々や役人などの間で洋服が流行すると、日本人技術者が弟子入りして技術を習得していった。日本人初のテーラーである柴田音吉（しばたおときち）は、明治16年に元町に洋服店を開業し、明治天皇や伊藤博文の服を仕立てた。やがて「神戸洋服」の名が全国に知れ渡り、神戸は近代洋服発祥の地となった。ちなみに横浜は「洋裁業発祥の地」。神戸が紳士服で横浜が婦人服の発祥地とされている。

　「食」においては、ラムネが神戸発祥といわれる。幕末に長崎や横浜で製造された記録もあるが、本格的な販売は、明治3年にスコットランド人の薬剤師A.C.シムが神戸の居留地で行ったものが初めてだという。なお、ラムネとはレモネードがなまった呼び方で、

▲東遊園地にある「日本近代洋服発祥の地」のモニュメント。洋服の身頃と袖を象形化したもの（写真：神戸市）

▲設立当初の神戸ゴルフ倶楽部は女性会員を認めていなかったが、会員の夫人はゴルフをすることができた
（写真：Kobe City Museum / DNPartcom）

当時のレモネードはコルクを針金で留めた容器で販売されていた。

またウスターソースも神戸の「阪神ソース」が、明治18年に日本で初めて製造した。ウスターソースを使った食べものは関西各地に広がり、現在、関西はソース文化圏といわれるほど多彩なソースが販売されている。

神戸発祥のスポーツ

19世紀になって主にイギリスから始まった近代スポーツは、開港場であった神戸や横浜の居留外国人を通して日本に取り入れられていった。

イギリス人のA.H.グルームは、六甲山に最初の山荘を建て、避暑地としての魅力を広めた「六甲の開祖」といわれる人物。明治31年には仲間とともにゴルフ場の建設を開始し、3年かけて4ホールを完成させた。当初は仲間うちだけでプレーしていたが、その後、9ホールまで拡大させて、明治36年に日本初のゴルフクラブ「神戸ゴルフ倶楽部」を創設した。

日本で初めて「マラソン」の名称が使われたのも神戸である。明治42年に湊川（みなとがわ）の埋立地から大阪の淀川大橋（当時は西成大橋）までの約32kmの「マラソン大競争」が開催された。体格試験や予選を経て選ばれた20人が出場。岡山出身の軍人が、2時間10分54秒のタイムで優勝し、賞金300円のほか金時計などの賞品が授与された。

ボウリングも明治時代の神戸が発祥といわれるスポーツ。すでに幕末の長崎と横浜でプレーされたという記録が残っているが、いずれも外国人居留地にあったため、日本人がプレーしていたかは不明。そのため、国内では3番目に古い記録だが、日本人が初めてプレーしたと考えられる神戸が発祥の地とされている。神戸のボウリング施設も居留地の駐在外国人の会員制クラブ内にあったが、日本人の出入りがあったと考えられているためだ。

日本初ではないが、居留外国人たちによって競馬やサッカー、レガッタ、陸上競技、ラグビーなど、さまざまなスポーツが流入され、日本でも定着していった。

このように西欧の多種多様な文化や習慣を積極的に受け入れた神戸は、「文明開化」の最前線として賑わい、今日の国際色豊かな街の基礎を築いていった。

神戸のさまざまな「日本初」*			
西洋式運動公園	明治元年	居留地の東側、生田川の堤防を利用して設けられた。現在も東遊園地の名で残っている。
洋家具	明治初期	四国から出稼ぎに来た船大工が、外国製家具を見よう見まねで製作を始めた。
牛肉専門店	明治4年	多くの外国人からの要求に合わせて牛肉の需要が高まり「大井肉店」が創業。
高速道路	明治9年	銀山のあった生野から姫路市の飾磨津（しかまづ）までの約49kmを結ぶ「銀の馬車道」が開通。
コーヒー店	明治11年	コーヒー豆の輸入を手がけていた元町の「放香堂（ほうこうどう）」が、店内での提供を開始。
オリーブ	明治12年	北野町にオリーブ園ができ、国産オリーブの搾油や塩漬けが作られた。
映画	明治29年	エジソンが発明したキネトスコープを輸入し、神戸で初めて上映された。
水族館	明治30年	神戸で開催された第2回大日本水産博覧会にて本格的な濾過装置を備えた水族館が誕生。
老人ホーム	明治32年	京都看病婦学校で学んだ寺島（てらしま）ノブヘが日本人による初めての老人ホームを開設。

異国情緒あふれる住宅が数多く残る「異人館」の誕生

観光名所として人気の神戸北野異人館街▲
(写真：神戸市観光局)

山の手で暮らした外国人

神戸の外国人居留地は、来日する外国人の数が増えると住宅不足という問題に直面した。慶応3年(1867)に幕府が諸外国と結んだ「兵庫大坂外国人居留地約定書」では、東は生田川から西は宇治川、北は六甲山の山麓から南は海岸に至る地域(雑居地)で、外国人が家屋を建築することを許可していた。当初、居留地の造成が遅れていたための代替案であり、明治政府は居留地完成とともに取り消すつもりでいた。しかし、取り消したことで居留地の拡大を要求されることを恐れ、取り消し問題はうやむやのまま消滅してしまう。

雑居地のなかで土地を探していた外国人が、目を付けたのが北野だった。居留地から南北に走る道路があったため交通の便がよかったことや、居留地や神戸港を見渡せるロケーションが好まれた。イギリスの外交官A.A.J.ガワーのように早くから北野に住んだ例もあるが、外国人が邸宅を建てて本格的に住み始めるのは、明治20年(1887)頃からであった。

居留地の建物の多くがオフィスや店舗との職住兼用のものであったのに対して、山の手の邸宅は住居専用のものがほとんどだった。木造2階建て、南側に広いベランダを設けて、下見板張りペンキ塗りの外壁、よろい戸に上げ下げ窓を有するコロニアルスタイルの建物

旧トーマス住宅（風見鶏の館）

ドイツ人貿易商ゴッドフリート・トーマスがデ・ランデの設計で建てた。全体的にドイツの伝統様式を取り入れながら、応接間(写真)のシャンデリアなどにアール・ヌーヴォーの趣が見られる。国の重要文化財(写真：神戸市観光局)

が、昭和初期までおよそ200余棟建てられ、それらは「異人館」と呼ばれた。

こうした異人館の建築は外国人建築家の設計を基に、日本人の大工や左官らが腕を振るった。現在、神戸市北野町山本通には約30件の異人館が点在し、さらに明治末期から昭和初期にかけて建てられた和風建築も残り、昭和55年（1980）には約9.3haの地区が重要伝統的建造物群保存地区に選定され、保存・整備されている。

異人館を設計した外国人

イギリス人建築家A.N.ハンセルは、明治21年に来日。大阪で教師を務めたが、まもなく神戸に本拠地を移して建築家としての仕事を始めた。明治24年にはイギリス王室建築士会の特別会員の資格を取得。当時日本でこの資格をもっていたのは、ハンセルのほかは鹿鳴館を設計したジョサイア・コンドルだ

けであった。

ハンセルは、社交クラブ「The Kobe Club」「Club Concordia」の建物や、外国人のための病院「万国病院」などの公共の建物をはじめ、自身の住宅（現シュウエケ邸）や旧ディスレフセン邸、旧ハッサム住宅（推定）、旧シャープ住宅（推定）などの北野の異人館を設計した。

ドイツ人建築家のゲオルグ・デ・ラランデは明治36年に来日した。横浜を本拠地に設計の仕事をスタートし、名古屋や京都、大阪、神戸にも支所を設けて活動。ハンセルが在留外国人の家を多く手掛けたのに対して、デ・ラランデは日本企業の建物や日本人の邸宅も手掛けた。神戸では、明治37年に旧トーマス住宅（現・風見鶏の館）を設計。風見鶏をいただく塔屋や煉瓦造りの外観など、ほかの異人館とは異なる趣をもっていて、異人館街のシンボル的存在となっている。

旧ドレウェル邸（ラインの館）

J.R.ドレウェルによって建てられた邸宅。大正4年（1915）の建造だが、明治時代の異人館の特徴をよく受け継いでいる

（写真：神戸市観光局）

旧シャープ邸（萌黄の館）

明治36年にアメリカ総領事の邸宅として建てられた。典型的なコロニアルスタイルで、二つの異なった形の張り出し窓が特徴

（写真：神戸市観光局）

旧ハンセル住宅（シュウエケ邸）

明治29年の建設。コロニアルスタイルを基調としながら、屋根は瓦葺きでしゃちほこがあるなど、和の要素も併せもつ

旧ディスレフセン邸（門兆鴻邸）

旧ハンセル住宅に隣接し、旧ハンセル住宅の前年に建てられた。主屋と付属棟が渡り廊下によってつながっている

日本三大中華街の一つ「南京町」の形成と神戸華僑の活躍

南京町の西の入口「西安門」。
北宋時代の門をモデルにしている▲
（写真：神戸観光局）

開港による誕生と発展

　横浜中華街、長崎新地中華街とともに日本三大中華街の一つに数えられる神戸の「南京町」。JR・阪神の元町駅の南側に南北約110m、東西約270mにわたって広がり、中華料理店や中華食材店、雑貨店など、100を超える店舗が軒を連ねている。

　南京町の起源は、神戸が開港した年に長崎から貿易目的でやってきた十数人の中国人まで遡る。当時の神戸は開港したものの、外国人居留地が未完成であった。また、中国（清国）が日本と通商条約を締結していなかったため、居留地が完成しても中国人は居留地に住むことはできなかった。そのため、港や居留地に近く、貿易や商売に便利な場所であった、居留地の西側の雑居地に住居や店舗を構えたのだった。

　現在の南京町への集住が進むのは、中国との国交が成立し、交流が進んだ明治10年代になってから。長崎や横浜、中国の上海や香港島などからやってきた中国人商人たちが増えるにつれて集住するようになった。「南京町」または「南京街」と呼ばれ始めたのもこの頃からだった。

　明治43年（1910）の記録によると、華僑*の店舗は旧居留地の北側に位置する三宮町から山手方面へ拡大していた。また旧居留地の西側に沿っても100軒余りが集中。料理店や食材店、雑貨店などは現在の元町通1丁目と

『摂州神戸海岸繁栄之図』

神戸港の賑わいを描いた明治4年の錦絵。手前が雑居地、奥が居留地の海岸通。中国人は西欧人の言葉や取引について詳しく、日本人とは筆談ができたため、貿易の仲立ちの役割を果たした。その姿も描かれている（写真：Kobe City Museum / DNPartcom）

栄町通1丁目に集まり、元町通と栄町通の各2丁目の店は、ほとんどが貿易商であった。

大正時代以降も南京町は活況を呈し、昭和初期には「南京町に行けば何でもある」「関西の台所」といわれるようになり、全盛期を迎えた。しかし、昭和20年（1945）の神戸大空襲によって一帯は焼失。中国人の多くは帰国しており、戦後はバラックが立ち並ぶ闇市に変貌してしまう。昭和50年代の区画整理事業によって南京町の復活を目指す街づくりが始まり、中華街がつくり上げられた。

神戸華僑の歩み

開港当初、神戸にやってきた華僑の多くは、欧米の商会や銀行のビジネスを支援する「買弁」という商人や使用人だった。明治4年に日清修好条規が日本と中国の間で締結されると、中国人の貿易活動が正式に認められ、さらに明治11年に横浜と神戸に理事府（領事府）が開設されたことで、華僑の数は大幅に増加していった。『兵庫県統計書』によると、明治6年に207人だった華僑の人口は、同13年には517人、同23年には1433人と約7倍になっている。

明治10年代の南京町において華僑は、飲食店や豚肉店、雑貨店、漢方薬店などのさまざまな店舗を営んでいた。また、理髪業や洋服の仕立業（料理人と合わせて、刃物を扱うため「三把刀」と呼ばれた）、塗装業、印刷業といった専門的な技術を有する職人として活動する者も多かった。

その一方で、賭場を開く者も多かったようで、明治20年には南京町で賭博が大流行。多くの華僑や博徒が逮捕されたという記録も残っている。

明治3年に福建系、広東系、三江（江蘇・浙江・江西）系の華僑の同郷団体が結成され、共同墓地である中華義荘を開設。明治26年には大阪の華僑組織と合流して、神阪中華会館（現一般社団法人 中華会館）が誕生している。華僑学校（現神戸中華同文学校）の創設など、神戸や大阪の華僑社会の礎を築いていった。

明治時代中期から後期にかけて、神戸港の主要輸出品の一つがマッチであった。明治30年では綿織糸に次ぐ二番目の輸出品で、輸出総額の約11％を占めていた。その輸出を担っていたのが神戸と大阪の華僑であった。香港や上海から東南アジアに至るまで、華僑の緊密なネットワークを駆使して販路を拡大し、莫大な利益を上げていた。こうして誕生した有力な華僑のもとには、中国の学者や政治家が訪ねてくることも多く、孫文＊もその一人。神戸の華僑たちは孫文を援助し、母国の革命を支援したことでも知られている。

◀現在の南京町。東西と南北のメインストリートの交差点に整備された南京町広場は、多くの人で賑わうスポット（写真：神戸観光局）

▲神戸市垂水区の舞子公園にある孫文記念館。在日華僑最大の豪商といわれ、孫文の支援者だった呉錦堂の別荘を利用している。

＊明治28年の初来日から大正13年（1924）の最後の来日までの約30年間のうち、約9年間を日本で過ごしている

神戸を襲った 昭和の二大災害 阪神大水害と神戸大空襲

阪神大水害で土石流に巻き込まれたSL▶
（写真：阪神大水害デジタルアーカイブ）

街を泥海にした大水害

　降水量も少なく比較的温暖で温和な瀬戸内気候の神戸だが、古くから風水害に悩まされてきた記録が残っている。原因は大阪湾の北岸に位置する六甲山系にあり、北東進する低気圧や前線の前面で上昇気流を助長させて、豪雨をもたらすことがある。また、六甲山系の地質は風化の進んだ花崗岩で、大雨によって山崩れや崖崩れが起こりやすい。さらに、六甲山系を水源とする河川は、海までの距離が短く急流であるため、大雨が降るとたちまち増水して氾濫した。

　昭和13年（1938）7月の阪神大水害は、今なおその爪痕を残すほど大きな被害をもたらした。この年の6月の雨量は例年より少ない

くらいだったが、7月に入ると、3日の夕方から雨が降り出し、4日には大雨となった。一時止んだものの、5日深夜から再び音を立てて降り出すと、1時間に最大60mmを超える豪雨に。7月3〜5日の総雨量は461.8mmを超えた。

　この雨に六甲山系の土壌は吸水能力の限界を迎え、無数の谷で土石流が発生。巨大な岩石や土砂、木々が押し流され、氾濫した各河川からは濁流があふれ出し、下流の神戸市や芦屋市、西宮市などを襲った。神戸市の山崩れは、167万㎡、土砂量は158万㎥にも及び、濁流が去った後の市街では、すべての交通機関が麻痺し、電話は不通になり、断水と食糧不足に陥った。

　神戸市の被災率は26.4％であったが、市

▲浸水した阪神西宮駅前の西宮市今在家町。消防団員がボートで移動している（写真：阪神大水害デジタルアーカイブ）

▲三宮交差点、そごう神戸店前の様子。倒木とがれきが道を塞いでいる（写真：阪神大水害デジタルアーカイブ）

街地の被災率は59.3%にも及び、人口・戸数の約72%が被災。死者616名、重傷者244名、家屋倒壊流出3623戸、家屋埋没854戸、半壊6440戸、床上浸水2万2940戸、床下浸水5万6712戸という未曾有の大災害となった。

空襲によって焦土に

第二次世界大戦末期、昭和19年にマリアナ諸島のサイパンを占領して基地を建造したアメリカ軍は、大型戦略爆撃機B29による本土空襲を行うようになった。

B29が初めて阪神地区に侵入してきたのは、昭和19年12月15日のことだった。当時、船舶を中心とした物流の拠点であり、造船や鉄鋼、航空機などの軍需産業の拠点でもあった神戸上空に飛来すると、工業地帯の写真を撮るなどの偵察を行った。

翌年1月3日、B29による爆撃が始まった。当初は、航空機産業を根絶するための工場への精密爆撃であったが、やがて市街地への焼夷弾爆撃へとかわった。神戸への最初の

無差別焼夷弾爆撃は2月4日のことで、戦術的転換の実験だったとされる。

この爆撃の成果を検討したアメリカ軍は、対日戦略爆撃の優先順位を改め、都市への焼夷弾爆撃の順位を、航空機産業の工場への精密爆撃に次ぐ2位に繰り上げた。目標とされたのは東京、名古屋、大阪などであった。

3月10日の東京大空襲を皮切りに、アメリカ軍は名古屋、大阪へ夜間爆撃を行い、17日には神戸市の兵庫区、林田区、葺合区などに夜襲をかけた。300機を超えるB29による爆撃は午前2時30分頃から2時間以上続き、死者は2600人以上、家屋焼失は6万8000戸を数え、市の西側は焦土となった。

6月5日には500機近くのB29が襲来し、市の東側に雨のように焼夷弾を投下。死者は3000人を超えた。神戸の市街地面積の約6割が焦土と化し、工場・住居地帯はほぼ全壊か半壊。この攻撃によって神戸市を焼き尽くしたとアメリカ軍は判断し、以後、焼夷弾爆撃の対象にされることはなかった。

こうして空襲によって神戸市域はほぼ壊滅したまま、終戦を迎える。戦災者数は、死者7500人以上、負傷者約1万7000人、罹災者53万人以上にも及んだ。

▲昭和20年6月5日、神戸港に焼夷弾を投下するB29から撮影された写真（写真：米国国立公文書館）

▲昭和20年3月17日の空襲後の神戸の様子。白く見えるところが焼夷弾爆撃の被害を受けたエリア（写真：米国国立公文書館）

海防艦が撃沈された終戦前日の悲劇「香住沖海戦」

香住沖海戦の戦没者の慰霊碑がある岡見公園▲

潜水艦に攻撃された2隻の日本の海防艦

　兵庫県北部、日本海に面した香美町(旧香住町)は、豊かな漁場に支えられ、松葉ガニやベニズワイガニ、カレイなどの特産品が有名だ。だが、これらの海の幸が獲れる香美町沖の海底には、太平洋戦争末期の「香住沖海戦」で撃沈された旧日本海軍の2隻の軍艦が、現在も沈んでいる。

　昭和20年(1945)8月14日の朝、旧日本海軍の輸送船とそれを護衛する第47号海防艦

海防艦のおおよその沈没地点

両海防艦は朝鮮半島の元山に集結していた船団を日本まで護衛する任務のため、香住沖で合流を予定していた

が、物資輸送のために、朝鮮半島の元山港へ向けて航行していた。2隻が香住沖に差しかかった頃、日本海を哨戒中だったアメリカ海軍の新型潜水艦「トースク」が、海防艦に向けて魚雷を発射。事前に潜水艦の存在に気付いた海防艦は爆雷攻撃を行い、輸送船も砲撃を行った。しかし、トースクのさらなる攻撃を受け、海防艦は香住港から約6kmの沖合で沈没した。トースクは輸送船に対しても魚雷を発射したが、これは命中せず、輸送船は何とか難を逃れて香住港に入港した。

　第47号海防艦の沈没から約2時間後の正午近く、同じく日本の第13号海防艦が香住沖に到着した。この艦は、第47号海防艦と輸送船に合流するため、その日の早朝に鳥取県の境港を出航してきたものだった。多くの漂

▲かつての香住町から眺めた夕暮れの日本海。香住町は2005年の合併で香美町の一部となった

▼沈没した2隻の海防艦は「丙型海防艦」と呼ばれるタイプで、主に船団護衛に用いられた（写真は同型の海防艦）

流者がいる海上を見て危険を察知した第13号海防艦に対し、香住沖にとどまっていたトースクは、2度にわたって魚雷を発射。海防艦は回避したが、トースクの発射した3回目の魚雷のうちの3発目が艦尾に命中し、これも沈没した。

危険を顧みず行われた
漁師たちの救助活動

　第13号海防艦がトースクに応戦している間、香住港からは漁師たちの乗った小型漁船が沖へ向けて続々と出港した。そして、自分たちも被害にあうかもしれない危険を顧みず、沖合で海に投げ出された乗組員たちの救助活動を行ったという。実はこの日、日本はポツダム宣言を受諾。翌日には国民に発表され、

▲現在の香住港。惨事のあった日はお盆だったため市場が休みで、漁師たちは漁に出ていなかった

第二次世界大戦は終わった。

　海防艦の乗員は第47号が201人、第13号が210人。漁師たちの活動で、このうち355人が救助された。100軒以上の民家が自主的に彼らを受け入れて食事や寝床を提供し、手当てを施したという。両艦で28人ずつ、計56人が犠牲となったが、戦時下の物不足で棺が用意できず、魚の水揚げ用の木箱を利用して棺の代わりにしたといわれている。

　香住沖海戦は太平洋戦争最後の海戦で、第13号海防艦は国内最後の戦没艦となった。海中に投げ出された軍艦旗は乗組員によって回収され、第13号海防艦唯一の遺品として、後に靖国神社に奉納された。昭和52年、香住町では沖合を望む岡見公園に慰霊碑を建立。以来、毎年夏に慰霊祭が行われている。

▲昭和20年当時のトースク。香住沖の前にも島根県、福井県沖でそれぞれ1隻ずつ日本の軍艦を沈没させていた

▲当時のトースクは、現在はアメリカ・メリーランド州ボルチモアのインナー・ハーバーで博物館船として公開されている

阪神・淡路大震災
復興への旗振り役となったのは
街場の名店たちだった

被災直後から動き出した
「日常」復活への足取り

　平成7年（1995）1月下旬。例年なら春節祭の準備に沸く神戸・南京町はこの日、特別な熱気に包まれていた。1月17日に発生した阪神・淡路大震災で甚大な被害を受けた神戸中心部にあって、比較的被害の小さかった南京町。春節祭の開催は望むべくもないが、代わりにできることはないか。今必要なのは、とにかく食だ。祭りの代わりに炊き出しをやろう。うちの店はプロパンガスが使える、お粥はどうか、水餃子も作れる。春節当日の1月31日には紹興酒も振る舞われ、大勢の被災者が温かい炊き出しに涙したという。

▲例年なら華やかな春節祭に沸く南京町では、神事と水餃子・紹興酒の振る舞いが行われた（写真：南京町商店街振興組合）

　神戸の下町・新開地もまた、地区の7割強が全半壊という大打撃を受けた。人気洋食店・グリル一平も、店舗は全壊、従業員も被災し営業など及びもつかない状態に追い込まれる。泣く泣く廃業に舵を切ろうとした時——「店作ったったから、早よ再開せえ」。なんと、かつての常連客たちが勝手にプレハブ店舗をこしらえてしまった。客も被災者、余裕があったはずはないのだけれど……。震災3カ月後にオープンした急造の店舗では、震災前には見習い同然だった三代目が腕を振るった。当初「味が変わった」などと客に叱咤されながらも見事息を吹き返し、現在も神戸洋食を代表する一軒となっている。

　神戸喫茶文化の雄・にしむら珈琲店では、中山手本店が半壊したのに対し、異人館街にほど近い北野坂店は比較的軽微な被害で済んだ。従業員たちの生活もあり、1日も早く営業再開したいところだが、北野坂店はもともと会員制サロン。創業者の筆で事情を説明する書簡を全会員に送り、会員制を解除した上で、北野坂店は一般店舗として再開に漕ぎつける。元会員たちからは続々と激励や支援の声が寄せられ、訪れた客も「ありがとう、にしむらのコーヒーがまた飲めてうれしいわ」「わしらも負けてられへんな」と喜びや感謝

◀現在の北野坂にしむら珈琲店。優雅なインテリアが会員制時代を偲ばせる

を伝えた。北野坂店は現在も、ちょっと贅沢な喫茶室として一般営業を続けている。

絶望を越えて生まれたヒット商品

　震災を経て、新たに生まれたものもある。
　日本酒の聖地・灘五郷（☞P94）も、震災では壊滅的な被害を受けた。老舗の酒造会社・福鶴では酒蔵が全壊。跡地に立った杜氏は、瓦礫の山を見渡して、「蔵もつぶれて空しか見えない」とつぶやいたという。
　それでも人は立ち上がる。酒造りの生命線とも言える井戸水は幸い無事で、ライフラインが復活するまで近隣の被災者の給水所となった。「世界に誇る日本酒の伝統や文化の灯を消してはならない」。地域の人々の支援も受けて翌平成8年春に蔵を再建、社名も「浜福鶴銘醸」と改めた。この時新商品として売り出したのが、銘酒「空蔵」である。あの日、崩れた蔵から見上げた空を胸に刻み、「空

（ゼロ）」からの再出発を期して世に出した「空蔵」は、現在も浜福鶴の看板商品だ。
　オシャレな神戸みやげとしてしばしば名の挙がる「Kobe INK物語」も、震災をきっかけに生まれたものだ。神戸市内を中心に展開する文具店・ナガサワ文具センターは、震災から10年を経て「復興にあたってお世話になった方々にお礼の手紙を書くために」と、神戸の風景をモチーフにした万年筆用オリジナルインクを開発。「六甲グリーン」「波止場ブルー」「旧居留地セピア」の3色から始まったラインナップは、限定色を含めると現在100色近くまで拡大展開している。
　平成7年3月12日、ライフラインの復活に合わせて南京町は「南京町復活」を宣言。同年6月にはにしむら珈琲中山手本店も修復完了、営業を再開した。未だ仮設住宅での生活を余儀なくされている被災者もあった中、これらのニュースは復興への希望の灯として確かに神戸の街を勇気づけたのだ。

▲ナガサワ文具センターの人気商品「Kobe INK物語」初代のラインナップ

▲全壊した旧福鶴蔵。灘五郷ではほかにも多くの蔵元が被災し、木造の酒蔵が並ぶ街並みも一変した（写真：小山本家酒造 灘浜福鶴蔵）

▲平成7年3月12日、いち早く出された「南京町復活宣言」。獅子舞や和太鼓、胡弓演奏などが行われた（写真：神戸市）

震災で約1m長さが伸びた!?
「橋口市長」肝入りの明石海峡大橋は
本州～四国の夢の架け橋だった

神戸の未来を見据えて掲げた連絡橋計画

　平成10年（1998）4月5日、「世界最長の吊り橋（当時）」・明石海峡大橋が供用開始された。着工から約10年。本州と四国を道路と鉄道でつなぐ本州四国連絡架橋事業の一環として建設されたもので、神戸市垂水区と淡路市岩屋、約4kmの距離を結んでいる。

　架橋の構想は、実は第二次世界大戦前から検討されていた。提唱者は、内務省から神戸土木出張所長として赴任してきた原口忠次郎。京都帝国大学の工学部土木科出身、バリ

バリの「技術屋」である。昭和15年（1940）、何十年先の未来を見据えて出された本州四国連絡架橋構想はしかし、技術的、また軍事的な理由により、この時点では夢物語として一蹴された。大戦を経て、神戸市の助役として戦後復興に獅子奮迅の働きをした原口は、昭和24年に神戸市長に就任、以降5期20年間市長を務める。架橋構想が再び俎上に載せられたのは昭和32年。この2年前、岡山と香川を結ぶ宇高連絡船が168名の犠牲者を出す沈没事故を起こし、安全な交通手段への期待が高まっていたのも追い風となった。「国が行うべき事業ではないか」などの批判の声も上がったが、神戸港の発展を図るために四国一

明石海峡大橋 断面図

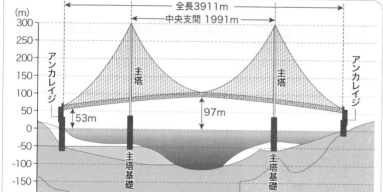

全長3911m
中央支間 1991m
アンカレイジ　主塔　53m　97m　主塔　アンカレイジ
主塔基礎　主塔基礎
←神戸側　　淡路島側→
凡例 ◯沖積層および上部洪積層 ◯神戸層 ◯明石層 ◯花崗岩

▲神戸側にある「橋の科学館」そばにはメインケーブルの断面の実物大模型も

（淡路広域水道企業団資料、鹿島建設『橋の歴史物語』をもとに制作）

円を「神戸の後方地帯」とすることが絶対必要、とする原口の主張が受け入れられ、ようやく具体的な調査がスタートした。

M7.3にもビクともしない 圧倒的な建設技術

明石海峡の潮の流れは最大で毎秒4.5m（約9ノット）と速く、また1日4回も流れを変える。台風も多い。好漁場であり、国際航路でもあるため、1日に約1400隻の船舶が往来する交通の要衝だ。こうしたさまざまな自然条件・社会条件に合致するように、計画は進められていった。

吊り橋の力学的構造上、主塔の高さを高くするほどメインケーブルにかかる力を小さくできる。建設費や施工上の問題も検討した上で、主塔の高さとケーブルの太さが決められた。主塔の海中基礎は神戸側と淡路島側に1基ずつ、ケーブルを支えるアンカレイジを神戸と淡路島の岸に1基ずつ設置する必要がある。海底地盤の地層構造や断層、海面下50〜60mの強い潮流など、さまざまな要素を一つ一つ検討しながら最適解を探っていった。

橋長3911m、中央支間長1991m、主塔の高さ海抜297m。メインケーブルは、1本の直径5.23mm・耐荷重3t以上のワイヤーを127本束ねて造ったストランド290本で構成。建設工事中の平成7年にはあの兵庫県南部地震に見舞われるも、主塔基礎などの構造にはほとんど影響がなく、ただ基礎部分の地盤の移動により全長が約1m延長されたのにとどまった。明石海峡大橋の建設技術は、マグニチュード7.3の地震にも揺るがないほどのレベルだったのだ。こうして完成した明石海峡大橋は、その後2022年3月にトルコの1915チャナッカレ橋に抜かれるまで四半世紀近くにわたって、「世界最長の吊り橋」の名をほしいままにした。

なお、原口は市長を退任後も本州四国連絡橋公団の顧問を務めて進捗を見守ったが、着工を見ることなく昭和51年に世を去る。「橋口市長」とあだ名されるほど橋にかけた彼の熱意は、しかし神戸の未来へ向けた揺るぎない遺産となったのだ。

▶主塔のてっぺんに上るツアーも開催。海上約300mからの眺めは圧巻

▼神戸から大橋を望む。明石海峡は現在も国際航路で、橋の下を数多くの船舶が行き交う

「オノコロ島」はどこにある？
記紀に描かれた天地創造の神話と
海人たちの活躍を今に伝える淡路島

神々が下界をかき回して国が生まれた

　神話時代〜上古の日本を伝える2つの歴史書『古事記』『日本書紀』。そのどちらもが、日本の国土創世となる「国生み」神話について記載している。曰く、イザナギノミコト・イザナミノミコト、二柱の神様が、天浮橋（あめのうきはし）からアメノヌボコで混沌とした下界をかき回

▲沼島のおのころ神社にある、イザナギノミコト・イザナミノミコトの二神石像

▼30mほどの高さを誇る奇岩、沼島の上立神岩（かみたてがみいわ）。島のシンボルとして「立神さん」と呼ばれ、親しまれている

し、矛先から滴り落ちた潮の雫が積もり重なって島となった、とするもの。神話ならではの壮大なスケールだが、こうして我が国で最初にできあがったのがオノコロ島であり、ここで夫婦となったイザナギノミコト・イザナミノミコトは、続いて日本列島の島々を次々と生み出していく。

　さて、オノコロ島の実際の場所となると、話はいささかややこしい。現在の沼島（ぬしま）や絵島（えしま）、さらには友ヶ島（ともがしま）まで諸説あり、神話ゆえに確証はない。現存するゆかりの地についても、南あわじ市の自凝島神社（おのころじまじんじゃ）、沼島のおのころ神社、洲本市の先山千光寺（せんざんせんこうじ）など、複数が存在する。いずれにせよ淡路島周辺が国生みの舞台であったことに変わりはなく、これらのゆか

▶中川原銅鐸は、弥生時代の
古式銅鐸が多数発見される淡
路島の銅鐸を象徴するもの
（南あわじ市滝川記念美術館玉青館所蔵）

▼淡路島を南側上空から望む。
手前が沼島。確かに潮の雫が
滴ったようにも見える

りの地を順に訪ねながら自分なりに検証して
いくのも楽しいかもしれない。

　畿内と外洋を結ぶ瀬戸内海の東端という要
路に位置する淡路島では、弥生時代から島と
海を舞台に「海の民」たちが活躍した。そこ
では弥生時代から、先端文化であった金属器
が用いられていたことが、島内の数々の出土
品や工房跡からも確認されている。のちに
「海人」と呼ばれるようになる彼らは、優れ
た航海術や製塩技術をもって、古代国家の形
成に大きな影響を及ぼしていくのだった。

鳴門の渦潮が
「塩コオロコオロ」の原風景？

　再び国生みの神話に戻ろう。『古事記』では、
神々が下界をかき回す様子を「塩コオロコオ
ロと」と表現している。このイメージは、ど
こか鳴門海峡の渦潮現象と重なる。想像をふ

くらませれば、この渦潮こそ神話の原風景の
ように思えてこないだろうか。

　幅約1.3kmという鳴門海峡に発生する渦潮
は、瀬戸内海と外洋側の紀伊水道との間で生
まれる大きな潮位差による現象で、渦の直径
は最大30mにも達する。兵庫・徳島の両県は
現在、鳴門海峡の渦潮の世界遺産登録を推進
しているが、訪れる人々を魅了し、歌川広重
や葛飾北斎ら浮世絵師によって描かれてきた
その自然美には、十分な価値があると思われ
る。

　淡路島の海人たちは、高度な航海術によっ
てこの巨大な渦潮をも御し、塩や魚、海藻な
どの海産物を皇室や朝廷に運んでいた。『万
葉集』などの歌集や書物にも「御食国・淡路」
との表現が散見される。また平安時代の『延
喜式』の記録において「淡路の塩」は、朝廷
の儀式である月次祭に用いると定められて
いたことからも、その存在は特別なものだっ
たようだ。

　豊かな海の幸に恵まれた淡路島は、現在で
は関西屈指のグルメ・アイランドとしても人
気を博している。国生みの神話や海人たちの
アドベンチャーに思いを馳せることで、その
味わいはいっそうのものになることだろう。

▲鳴門海峡の豪快な渦潮は、観光クルーズ船で楽しめる

日本一のおしゃれエリアに?
阪神と阪急の私鉄2社がもたらした
「阪神間モダニズム」の隆盛

私鉄の開業が育んだ
阪神間のモダンな文化

　明治末期から昭和初期にかけて、大阪〜神戸間に花開いた独特の文化がある。富裕層の邸宅や大学建築といったハード面にとどまらず、文学や演劇、映画といった娯楽に至るまで、当時の先端たる「モダン」な雰囲気は当地に広く及んだ。この広範な文化事象を阪神間モダニズムと呼ぶ。

　では、それが興ったエリアはどのあたりを指すのだろう。明確に定めることはできないが、六甲山地を背にして大阪湾を望める、現在の西宮市、芦屋市、神戸市東部が代表的な範囲だ。ところが広義には尼崎市、伊丹市、宝塚市までを含める場合もある。というのも、阪神電車および阪急電鉄の果たした影響が大きく、その沿線は阪神間モダニズムと不可分の関係にあるためだ。

　もともと官営鉄道（現・JR東海道本線）により神戸駅と大阪駅はつながっていたが、明治38年（1905）に阪神電気鉄道（現・阪神電車）、大正9年（1920）には阪神急行電鉄（現・阪急電鉄）神戸線が、それぞれ海側と山側とを平行して走るように開業。利便性の高まったこのエリアに、まずは大阪・船場の商人や財界人

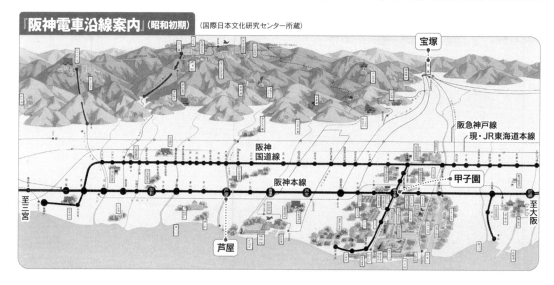

『阪神電車沿線案内』(昭和初期) （国際日本文化研究センター所蔵）

など一部の富裕層が別荘を持つようになった。

　各社は沿線の住宅地開発を進めていく。甲子園の住宅地販売をおこなったのは阪神電車であり、加えて大正13年には甲子園大運動場（現・阪神甲子園球場）を完成させ、沿線の一大レジャー施設となった（☞P130）。遅れて阪急電鉄も岡本や甲東園、塚口、武庫之荘を開発。このころ大阪市では人口増加と空気汚染問題が深刻で、阪神・阪急両社は「健康に恵まれた郊外生活」として阪神間の新興住宅地をアピール。居住者の裾野が広がり、新来の住民たちによる新しい文化がここに花開いた。

建築に文学に多様な文化が流入

　こうして住宅地開発が整い、西宮七園（甲子園、昭和園、甲風園、甲東園、甲陽園、苦楽園、香櫨園）に代表される高級邸宅地やレジャー地が交通機関によってつながるのに合わせて、学校やホテル、病院など都市環境も充実していった。そしてこれらの建築にこそ、阪神間モダニズムの影響が顕著に表れた。

　現存する建築では、例えば芦屋市の旧・山邑邸（大正13年築）。傾斜地を利用して段状に建てた鉄筋コンクリート造の住宅で、原設計は近代建築の巨匠と名高いフランク・ロイド・ライトだ。また彼の弟子である遠藤新が設計した旧・甲子園ホテル（昭和5年（1930）築）では、洋風のホテル建築に和の意匠をうまく取り入れている。昭和4年に現在地へ移転した関西学院大学は、ウィリアム・メレル・ヴォーリズがキャンパスの全体設計や校舎デザインを手がけ、背後の甲山など周囲の景観をも取り込んだ美観をつくり出した。

　大正12年に起こった関東大震災の影響も大きい。首都圏の壊滅的な被害により、作家・谷崎潤一郎が阪神間に移り住んだのをはじめ、さまざまな文化活動が東京から「疎開」してきたのだ。映画雑誌『キネマ旬報』も東京から拠点を移して西宮の香櫨園で発行を続け、芦屋や甲陽園の映画撮影所などとともに、阪神間は映画界を牽引する一翼をも担った。

　富裕層の別荘、郊外住宅地、さらに首都圏からの文化流入により、阪神間モダニズムは数十年をかけて熟成していった。その背景として、やはり交通の利便性向上は大きい。神戸にも大阪にもアクセス至便なこの土地に、独特の文化現象が興ったのは必然だったのかもしれない。

旧・山邑邸（現・ヨドコウ迎賓館）

大正13年、灘五郷の造り酒屋である「櫻正宗」当主・山邑太左衛門の別邸として建設
Wikimedia Commons（クレジット-663highland）

旧・甲子園ホテル（現・武庫川女子大学甲子園会館）

昭和5年に西宮市の武庫川沿いに建てられたが、太平洋戦争のためホテルとしての営業はわずか14年に終わった

倚松庵

昭和4年に現在地よりもやや南の住吉川沿いに竣工した和風住居で、昭和11年から7年間、谷崎潤一郎が居住した

外国人居留地からオフィス街へ。
入念な都市計画が今も残る
全国屈指のレトロ建築街

「美しい街」が完成するまで
外国人居留地の都市計画

神戸・三宮周辺の地図を眺めていると、三宮～元町駅間の浜側（南側）で、周囲と不釣り

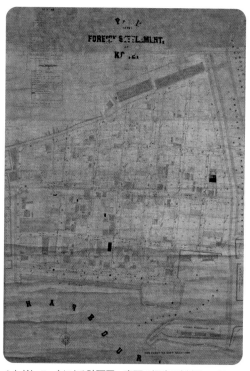

▲J・W・ハートによる計画図。東西は旧生田川（現・フラワーロード）～鯉川（鯉川筋）、南北は海岸～西国街道付近（花時計北川道路）の一角を126区画に分割
J・W・ハート「PLAN OF THE FOREIGN SETTLEMENT OF KOBE（神戸外国人居留地設計図）」神戸市立博物館所蔵、Photo：Kobe City Museum / DNPartcom

合いなほど整然とした街区が目につく。東西南北に沿った碁盤目状の道はそれぞれ幅員が広く、一つ一つの区割りに立つ建物も規模の大きいものが目立つ。細い路地が縦横に入り乱れるJR線周辺や山側とは一線を画する「きれいな街」——ここには、明治初頭に整備された外国人居留地の区割りがそのまま残っているのだ。

外国人居留地の基本計画は、イギリス人土木技師J・W・ハートによって設計された。明治5年（1872）の計画図によれば、計画地の南北に8条、東西に5条（周囲を含む）の道路を設けて126区画に分割。西側にパブリック・ガーデン、海岸に沿ってプロムナード、東側に遊園地、歩道や下水道・街灯の位置なども示され、住みやすさなどが入念に配慮されていたことが窺える。永代借地権を手に入れた外国人たちはすぐに商館の建設を始め、居留地の街並みは数年がかりで完成した。当時の英字新聞『The Far East』は「東洋におけ

◀居留地時代の異人館で唯一現存する「旧居留地十五番館」（明治13年築、平成10年（1998）再建）。北野の異人館「萌黄の館」や「英国館」を思わせるコロニアル風建築だ

る居留地としてもっとも良く設計された美しい街」と絶賛している。

港に近い居留地は、住居として以上に通商の場として利便性が高かった。明治32年に居留地が日本に返還されてからも、この地は神戸のビジネスの中心地として発展を続けた。外国人たちは山側の山本通〜北野町に異人館を建てて移り住み、旧居留地のオフィスに通勤するようになる。

大正〜昭和初期の レトロビル再生の見本市

現在、旧居留地周辺は「オシャレなレトロビル街」として再度脚光を浴びている。阪神・淡路大震災を経て、古いものを風化にまかせるのでなく、きちんと保存再生しようという気運が高まり、さらに2000年代以降、昔ながらの雰囲気を残しつつリノベーションして飲食店やブティックなどとして営業するスタイルが流行。この時注目を集めたレトロビルの多くが、大正〜昭和初期に建てられたオフィスビルだった。特に銀行建築はギリシャ風の重厚な装飾に彩られたものも多く、街並みに独特の印象をプラスしてくれると人気が高まった。

大丸神戸店の別館として営業中の旧居留地38番館や、神戸市立博物館となっている旧横浜正金銀行、現在もオフィスビルとして使われている神戸商船三井ビルディングなどは、修復・増改築を加えつつ、ほぼ建設当時の姿を見せてくれる。旧神戸証券取引所跡に建てられた神戸朝日ビルディングや、震災で建て替えられた大丸神戸店（本館）は、景観に合わせてレトロな意匠を取り入れつつ、以前とは異なる建物に生まれ変わった。興味深いのが、

やはり震災で全壊したシップ神戸海岸ビル。建て替えの際に古い外壁を再利用して以前の面影を再現しつつ、オフィスビルとして利用するため現代的な上層階をくっつけてしまった。決して広くはないエリアの中で、レトロ建築再生の様々な手法が見られるのも、ここ旧居留地の魅力の一つと言えるだろう。

旧居留地38番館
昭和4年（1929）築
旧ナショナルシティバンク神戸支店

神戸商船三井 ビルディング
大正11年（1922）築
旧大阪商船神戸支店

神戸市立博物館
昭和10年（1935）築
旧横浜正金銀行

神戸朝日 ビルディング
平成6年（1994）築
旧神戸証券取引所跡

大丸神戸店（本館）
平成9年（1997）築

シップ神戸海岸ビル
大正7年（1918）築
旧三井物産神戸支店

その値、1000万ドル!?
六甲山系（ろっこうさんけい）から望む夜景が
日本三大夜景に数えられる理由

美しい夜景の条件
距離・標高・海岸線

日本三大夜景スポットといえば、北海道・函館山（はこだてやま）、長崎・稲佐山（いなさやま）、そして神戸・六甲山系というのが定説である。星をちりばめたような美しさはいずれも甲乙つけがたいが、これらのスポットにはいくつか共通点がある。

まずは市街地からの距離だ。函館・長崎・神戸、いずれも坂の街として知られるように、海岸部からすぐ山になり、平地部が狭い。展望スポットは山の上にあるが、市街地との直線距離はそう離れていないのだ。なかでも、六甲山系で最も有名な摩耶山（まやさん）の展望スポット「掬星台（きくせいだい）」は足元が崖になっており、まるで真下に市街地を見下ろすよう。まさに「手を伸ばせば星（のような街の灯）を掬（すく）えそう」な

位置関係だ。

市街地と距離が近いということは、標高はさほど高くないということでもある。函館山約334m、稲佐山約333m、摩耶山は少し高くて約700mあるが、いずれも1000m級の山ではない。あまり高山では、下界は霧にかすんだり、そもそも遠くて街の灯が見えないのだ。とはいえ広告看板が読めてしまうほど近いのも興ざめなもの。一つ一つの灯が適度に粒立って見える程度の距離・標高のバランスが、美しい夜景の重要な条件となる。

さらに夜景の美しさのポイントとなるのが、個性的な海岸線だ。言ってしまえば、ある程度の距離から見れば、都会の灯など日本中どこでも似たようなもの。その「額縁」となる海岸線こそが、三大夜景を三大夜景たらしめるのだ。函館山から北東向きに市街を望めば、

北海道・函館山

▼函館市街から突出した半島の先に位置する函館山。左右から入り込んだ海岸線がくっきり

長崎・稲佐山

▼長崎港をはさんで向こう側の山裾まで市街地のきらめきが続く

神戸・摩耶山

▼東側（視界左手）からぐっと湾曲して右へ延びる大阪平野の灯が美しい。天気が良ければ約20km先の関西国際空港も視野に

左から函館湾、右から大森浜（おおもりはま）の海岸線が大きく入り込んで、あの独特のくびれをつくり出す。稲佐山の展望台は360度の眺望を楽しめるが、有名な画角は東向き、右から長崎港の海岸線が鋭角的に風景を切り取ることで完成する。そして摩耶山から南を見下ろせば、眼下に六甲アイランド・ポートアイランドの幾何学的な線、左側に大阪湾の曲線が美しい弧を描いてどこまでも延び続ける。自然と人工物が交じり合った独特な海岸線が、これらの夜景を唯一無二のものに昇華しているのだ。

100万ドル? 1000万ドル?
「夜景の価格」を試算する

六甲山系の夜景を称して「100万ドルの夜景」「1000万ドルの夜景」と呼ぶことがある。どうせ「白髪三千丈」よろしき大げさな言い回しかと思えば、さにあらず。100万、1000万、それぞれ根拠のある数字だという。

「100万ドルの夜景」の語が初めて使われたのは1950年代。戦後の復興期、六甲ケーブルを運行する六甲摩耶鉄道（現・六甲山観光）が、レジャー客向けのキャッチコピーとして打ち出したものだ。これに反応したのが関西電力。昭和28年（1953）、六甲山から見える夜景の灯を仮に大阪・尼崎（あまがさき）・芦屋（あしや）・神戸の4市として電灯の数を試算。その月額の電気代を当時のレート（1ドル360円）でドル換算するとちょうど100万ドル強となり、キャッチコピーの数値が証明された形となった。

時代は下って2005年。高度経済成長、変動相場制移行などを経て世の中も大きく変わったこともあり、六甲摩耶鉄道によって再度試算が行われた。リニューアルされたばかりだった山上の展望施設「六甲ガーデンテラス」から望める阪神地域・大阪府内の住戸を350万世帯とすれば、1日の電気代が総額約700万ドル。これにオフィスなど業務用の電灯も加えると1000万ドルは優に超える。こうして、晴れて1000万ドルが正式な「六甲山系の夜景の価格」となったのだ。

円安・インフレの進む令和時代。今改めて試算すれば、六甲山系の夜景はまた新たな価格をはじき出すかもしれない。

いずれ劣らぬ屈指の古湯
関西の奥座敷・有馬温泉 vs
文学の香り高き城崎温泉

日本書紀にも登場する
日本最古の温泉・有馬温泉

　温泉地を相撲の番付に見立てて格付けする「温泉番付」が作られるようになったのは、江戸時代後期の寛政年間といわれる。現存するかなり初期のものとして有名な『諸国温泉効能鑑』では、西の大関が有馬、関脇が城崎（ちなみに東は大関が草津、関脇が那須）。当時の相撲に横綱はないので、現在では兵庫県に属するこの2つが1位・2位を占めていたことになる。

　日本最古といわれる温泉地・有馬温泉は神戸市近郊に位置する。市街から電車で30分程度とアクセスも良く、「関西の奥座敷」と称される。伝説では神代の昔、大己貴命と少彦名命が泉源を発見。7世紀に舒明天皇や孝徳天皇がこの地に行幸したことが『日本書記』

『釈日本紀』に記されており、以降広く世に知られるようになったという。8世紀前半、名僧行基がこの地に温泉寺を建立して周辺を整備、現代まで続く有馬温泉の基礎を築いた。

　その後も、『枕草子』に言及があったり、足利義満が湯治に訪れたり、豊臣秀吉やその正室ねねに愛されたりと、歴史の要所要所で顔を出す有馬温泉。江戸時代後半には庶民も多く訪れるようになり、先の温泉番付の堂々1

有馬温泉

▼六甲山地北側の山峡に位置する。有馬川沿い〜湯本坂を中心に格式高い温泉旅館が軒を連ねる

▲立ち寄り湯「金の湯」。金泉のかけ流しを楽しめる

▲立ち寄り湯「銀の湯」では、炭酸泉とラジウム泉をブレンドした銀泉を楽しめる（金の湯・銀の湯写真：神戸市）

位を飾るに至ったのだ。

　有馬温泉には、茶褐色の金泉と透明な銀泉、2種類の湯がある。金泉は有馬温泉古来の鉄分と塩分を含むとろりとした泉質で、保湿・保温効果に優れる。銀泉は炭酸泉でさらりとした湯ざわり、飲泉すると食欲増進効果もあるとか。温泉旅館などでは内湯に2種の湯を引いている所もあり、またそれぞれの湯を引く公共の外湯「金の湯」「銀の湯」をはしごして楽しむこともできる。

文豪たちに愛された城崎温泉で外湯めぐり

　志賀直哉の小説でも名高い城崎温泉は但馬地方、日本海の沿岸ほど近くに位置する。こちらも歴史は古く、創始は約1300年前。1羽のコウノトリが湯で脚の傷を癒やしているのを見て発見されたという。その後、養老元年（717）にこの地を訪れた道智上人が、難病の人々を救うために1000日間の修行を行った結果、温泉が湧き出したとの伝説も残っている。

　小説『城の崎にて』が発表されたのは大正6年（1917）。志賀は生涯に十数回もこの地を訪れ、湯治・散策を楽しんだという。ほかにも島崎藤村や田山花袋、与謝野鉄幹・晶子夫妻、司馬遼太郎など、近現代の文壇の錚々たる文豪たちがこの温泉地を愛した。町内には今も志賀を含む23の文学碑がたたずんでいる。

　泉質は透明なナトリウム・カルシウム塩化物泉で、飲泉も可能。リウマチなどの疾患に効能がある

とされる。町内には7つの外湯があり、浴衣や丹前に下駄ばき姿で外湯めぐりを楽しむ湯治客の姿が多く見られる。城崎はまた日本海のカニや但馬牛など豊かなご当地グルメも魅力で、特にカニが旬を迎える冬場には多くの観光客で賑わう。

有馬・城崎徹底比較

	有馬温泉	城崎温泉
創始	7世紀前半	8世紀前半
歴史上の人物	豊臣秀吉など	志賀直哉など
泉質	鉄分・塩分を含む金泉と、炭酸泉の銀泉	ナトリウム・カルシウム塩化物
飲泉	銀泉のみ可	可
外湯	金の湯・銀の湯も人気	7つの外湯めぐりが人気
温泉旅館	三十余軒	約70軒
グルメ・みやげ	炭酸せんべい、有馬サイダーなど	松葉ガニ、但馬牛など
アクセス	神戸市街から電車で約30分	神戸市街から電車で約3〜4時間

城崎温泉

▼温泉街の中心を流れる大谿川沿いは絶好の散策スポット。柳並木のほか、春の桜、冬の雪景色も美しい

◀それぞれ個性の異なる7つの外湯をめぐるのが人気
▶カニ料理の店なども多い、落ち着きある温泉街

「ただの酒」ではないらしい?
江戸時代から名を馳せた
国内屈指の酒処・灘五郷

今と昔とで顔ぶれが変わる
灘五郷成立の歴史

　古典落語「子ほめ」の冒頭で、おっちょこちょいの男がご隠居の家で「『ただの酒』があると聞いた、飲ませろ」とゴネるシーンがある。これはもちろん男の聞き間違いで、正解は「灘の酒」。この噺は寛永年間(1624〜44)成立といわれ、当時の灘の酒の浸透ぶりを窺わせる。

　灘五郷とは、現在の神戸市灘区〜東灘区と西宮市の沿岸部に連なる酒蔵密集地帯の総称。創始は室町時代との伝承もあるが、寛永年間

に、当時屈指の酒処だった伊丹の雑喉屋文右衛門が、西宮に移り住んで酒造りを始めたのが、灘の酒の本格的な始まりとされる。そして明暦(1655〜)から享保(〜1736)に至る江戸時代半ばの60余年間に、現在まで続く数々の酒蔵が開業していく。

　この時代、「灘五郷」の語はまだ生まれていない。江戸時代も後期に入った明和9年(1772)、上方酒造業者の株仲間が結成され、今津・上灘(現在の神戸市灘区〜東灘区)・下灘(現在の神戸市中央区南部)の3郷を形成。文政11年(1828)、上灘はさらに東組(魚崎)・中組(御影)・西組(新在家・大石)に分かれる。

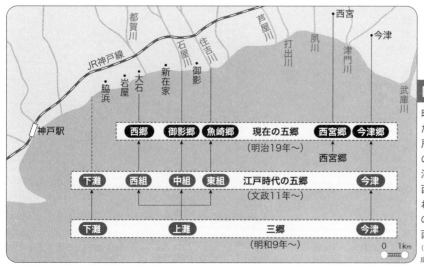

「灘五郷」の変遷

時代とともに変わっていった「灘五郷」。なお、江戸時代前期には食糧確保のためたびたび農村での酒造統制令が出された。西宮などの都市酒造はこれを除外されたので、この時期の灘五郷の組合に西宮は入っていない

(灘五郷酒造組合資料をもとに作成)

樽廻船

▼江戸時代、上方の酒は船で運ばれ、江戸で消費されていた。清酒の容器は杉樽で、容量4斗（約72ℓ）。享保15年（1730）には酒樽だけを専門に運ぶ樽廻船が登場
（『大日本物産図会 摂津新酒荷出之図』白鹿記念酒造博物館所蔵）

これに今津・下灘を加えて、江戸時代の灘五郷が形成された。西宮は早くから町として栄えていたためほかの郷に一歩先んじたが、江戸時代後期には上灘・下灘も西宮をしのぐほどの発展を見せるようになる。

明治期に入ると、下灘での酒造は次第に衰退。明治19年（1886）、上灘の3郷に西宮・今津の2郷が加わって摂津灘酒造業組合が発足、現在の灘五郷が顔を揃えた。

キリッと辛口「男酒」灘の酒はなぜ旨い？

この地で酒造りが発展した背景には、さまざまな要因が絡み合っている。
・六甲山の伏流水（宮水）が、リン、カルシウム、カリウムなどのミネラルを多く含み、酵素の作用を促す一方、酒の風味を損なう鉄分が少ないこと。
・江戸時代「天下の台所」だった大坂に近く、酒米を安定供給できたこと
・一帯に川が多く、精米のための水車小屋を建てやすかったこと。

・冬季に六甲山から吹き降ろす風（六甲おろし）が湿気を含まず、日本酒の熟成期の品質管理に適していること。

さらに、浜に近く流通の利があったことや、丹波の優秀な杜氏を確保できたこと、近代に入って酒米の品種改良が進み、酒米の王様・山田錦を近郊で栽培できるようになったことも大きい。

灘の酒の味わいはキリッと辛口で、押しが強いのが特徴。関西のもう一つの酒処・京都伏見の酒が、まろやかで口当たり優しい「女酒」と呼ばれるのに対し、灘の酒は「男酒」とも称せられる。

現在、灘五郷酒造組合には総勢27社*の酒造会社が名を連ねる。「白鶴」「菊正宗」「大関」など、無意識にCMソングを口ずさんでしまうほどの有名メーカーも多い。一部の会社では昔の酒蔵を資料館などとして開放、昔ながらの酒造りの道具や工程などを見学できる所も。しぼりたての生原酒をテイスティングさせてくれる蔵もあり、人気の観光スポットにもなっている。

酒蔵の構造

▲酒蔵は東西に長く建てられ、北側に仕込蔵兼貯蔵庫、南側に前蔵を隣接する。北の仕込蔵は冬に六甲おろしを受けて低温となり、夏には南からの日光を前蔵が遮って温度が上がるのを防ぐ。写真は江戸時代末期に建てられた「沢の鶴」の酒蔵（現・沢の鶴資料館）（写真：神戸市）

山陽の恵まれた自然環境により「塩の国」として栄えた赤穂（あこう）で塩生産の今昔を学ぶ

浅野家（あさの）の入封（にゅうほう）から始まる入浜塩田というエポック

　赤穂の知名度を全国区にしたのは、何をおいても忠臣蔵で知られる「元禄赤穂事件」（☞P64・66）だが、伝統産業としての「塩づくり」も、忘れるわけにはいかない。その歴史は弥生時代まで遡り、同地の堂山遺跡（どうやま）からは多数の製塩土器が発掘されている。瀬戸内海の穏やかな海、温暖で雨の少ない気候、中国山地を水源とする千種川（ちくさがわ）から運ばれた土砂が堆積した河口地帯は、もとより塩づくりには最適の条件を備えていたのだろう。

　この地が本格的に「塩の国」として名を馳せるのは、江戸時代のこと。正保（しょうほう）2年（1645）に常陸国（ひたちのくに）から浅野赤穂藩初代藩主として浅野長直（ながなお）が入封し、より大規模な塩田開発に着手。従来の古式入浜塩田を効率化させた、大規模な入浜塩田の開拓が進められる。その規模は浅野家3代で約100ha、甲子園球場約25個分というから驚くばかりだ。赤穂の塩は、その70%が江戸へ送られた。「にがり」を含むことによる独特の風味と高い品質からブランド塩として認められ、赤穂藩5万石は実力として8〜10万石の財政基盤を築いた。

　赤穂流の入浜塩田は瀬戸内海沿岸で広まり、播磨（はりま）・備前（びぜん）・備中（びっちゅう）・備後（びんご）・安芸（あき）・周防（すおう）・長門（ながと）・阿波（あわ）・讃岐（さぬき）・伊予（いよ）は「十州塩田」と称されて、

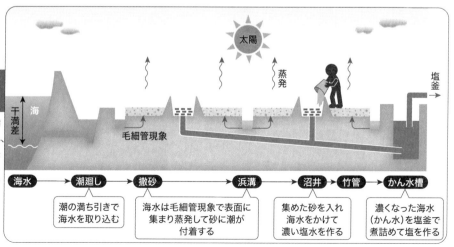

入浜塩田の概念図

塩田の地盤を干満差の中間に造成し、その周囲を防波堤で囲い、水位変化があっても塩田作業に影響が出ないようにした

（赤穂市日本遺産推進協議会資料をもとに作成）

太陽　蒸発　塩釜

海　干満差　毛細管現象

海水	→	潮廻し	→	撒砂	→	浜溝	→	沼井	竹管	→	かん水槽
		潮の満ち引きで海水を取り込む		海水は毛細管現象で表面に集まり蒸発して砂に潮が付着する				集めた砂を入れ海水をかけて濃い塩水を作る			濃くなった海水（かん水）を塩釜で煮詰めて塩を作る

▶全盛期の入浜塩田の風景。広大な塩田の様子が見られる（明治時代末期の絵葉書より）

▼赤穂城跡三之丸大手門。赤穂は寛文元年(1661)に築城された海岸平城で、海に臨む東西の浜には広大な塩田が広がっていた

世界の塩の需給（2020年）

国	生産量	消費量	自給率
中国（1位）	63,000	67,797	93%
アメリカ（2位）	38,610	61,613	63%
インド（3位）	29,900	19,946	150%
ドイツ（4位）	16,105	15,190	106%
カナダ（5位）	12,386	8,912	139%
オーストラリア（6位）	11,961	1,102	1085%
チリ（7位）	9,574	3,495	274%
メキシコ（8位）	8,086	2,572	314%
日本（38位）	874	7,985	11%

（単位：千トン） 0 10,000 20,000 30,000 40,000 50,000 60,000 70,000

■ 生産量 ■ 消費量

日本は自給率で38位だが、消費量の大半は食用ではなく産業用の塩が占める（公益財団法人塩事業センター資料をもとに作成）

元禄期には日本の塩生産の約8割を担った。元禄の赤穂事件で浅野家が改易になったあとも、永井直敬、森長直へと塩産業は引き継がれて実力を高めていった。現在も赤穂名物の塩味饅頭も、そうした流れの中で生まれ、代々の藩主が将軍家に献上したのが始まりである。

「塩の国」を守り続けた塩務局による技術改良

　明治時代に入ると全国的に塩の生産量が増え、また海外の安価な塩が輸入されるようにもなり、赤穂の塩は次第にその価格が下がってくる。そこで国は、明治38年(1905)に国内の製塩業の保護のために「塩務局」を設置、専売制が始まる。赤穂塩務局は明治41年に設置された。そこでは技術改良による品質向上や生産コストの削減が進められ、塩田経営者も地主から同業組合に変わっていき、昭和23年(1948)の合同製塩工場の完成へと至る。

　昭和47年には塩田は廃止され、翌年には組合も解散する。現在も赤穂では製塩が続けられているが、その多くは製塩工場でかん水を生産するイオン交換膜法および真空式蒸発缶によるものとなった。伝統的な塩づくりの方法は廃れたとはいえ、赤穂では国内の塩の約20%を生産しており、地域経済や文化を支えていることに違いはない。

　こうした「塩の国」としての歴史を知るには、赤穂市立歴史博物館を訪れるといいだろう。「赤穂の塩」の展示室では入浜塩田や塩廻船の大型模型、実際に使われていた製塩用具などを展示。また赤穂市立海洋科学館・塩の国では昔ながらの塩づくり体験もできる。

　なお日本の塩の自給率は11%とかなり低い。これは塩需要の大半を占めるソーダ工業用の塩のほとんどを輸入に頼っているからで、食用の塩の消費分についてはおおむね国内で作られていることも知っておきたい。

昭和時代に神戸を「建設」した 2人の市長による「株式会社神戸市」の功罪

「技術屋」市長の大スケールな街づくり

太平洋戦争末期、大空襲を受けて灰燼に帰した神戸の街。これを復興し、40年がかりで他都道府県からも羨まれる魅力のある都市に盛り立てていった功労者として、2人の市長の名を忘れるわけにはいかない。昭和24（1949）〜44年、5期20年を務めた第12代市長・原口忠次郎と、続いて平成元年（1989）まで同じく5期20年を務めた第13代市長・宮崎辰雄だ。

原口についてはP82〜83の明石海峡大橋の項でも詳述しているが、土木科出身の彼の哲学はとにかく街を建設することにあった。焼け野原を復興させるところからスタートしているのだから当然と言えば当然だが、彼の20年間の任期の間に提案・着手した事

▶第12代神戸市長・原口忠次郎（1889〜1976）は京都帝国大学工学部土木科出身。内務省にて東京ほか各地の土木出張所長を歴任後、昭和21年から神戸市の復興本部長に
（写真：神戸市）

業を並べると、令和の現代では考えられないほどドラスティックだ。

・明石海峡大橋の建設
・ポートアイランドと西神ニュータウンの建設
・六甲山を貫く六甲有料道路の建設
・4私鉄を連絡させる神戸高速鉄道の建設
・三宮駅地下街「さんちか」開発
・神戸港の大拡張

戦後の経済成長が後押ししたとはいえ、一つ一つの事業スケールがとにかく大きい。建設に重点をおく施政は、後には「ハコモノ行政」との批判を受けるが、この時代のニーズには合致したもので、それぞれ利益を生んだ。

明石海峡大橋やポートアイランドなどの大事業は任期中に完成せず、原口市長のもとで助役を務めていた次代の宮崎市長に持ち越された。昭和44年、高度経済成長まっただ中のことである。

ポートピア'81の大成功 株式会社神戸市の表裏

事業を引き継いだ宮崎は、立て続けに大事業をこなしていく。

ポートアイランドや西神ニュータウンなどの建設は、市街後背部の六甲山地を削り、その土砂で海を埋め立て、削った山は宅地とし

て開発するというもの。「山、海へ行く」の スローガンそのまま、シンプルすぎて机上の 空論にすら見える大がかりな計画は、宮崎市 長着任時点ですでに始まっており、昭和56 年にまずポートアイランドが完成する。その 街びらきを華々しく盛り上げたのが、同時に 開催された神戸ポートアイランド博覧会(ポ ートピア'81)だ。島全体を会場に見立て、 世界初の無人運転による新交通システム・ポ ートライナーで移動。島南端には当時世界一 の観覧車を含む遊園地・神戸ポートピアラン ド、中国からはジャイアントパンダを借り受 け、神戸市の本気を見せつけたこの博覧会は、 半年間で1610万人の入場者を集める大成功 に終わった。65億円の黒字を計上、経済波 及効果は2兆円とも言われる。こうした宮崎 の市政は「株式会社神戸市」と呼ばれ、地方 行政の一つのモデルとして国内外から注目を 集めた。この語には「行政が利潤を追求する べきではない」とする批判と、「行政といえど 経済的に自立・発展すべきだ」とする肯定、 両面の意味が込められており、地方行政のあ り方に一石を投じたのだ。

　昭和が平成に変わった1989年、宮崎は市 長を退任する。その後のバブル崩壊、そして 阪神・淡路大震災により、神戸市は大きなダ メージを受けた。特 に震災に関しては、

▶第13代神戸市長・宮崎辰 雄(1911〜2000)は立命館 大学法経学部出身。昭和 47年、中国・周恩来首相と 直接会談し、翌年天津市と の間に日本初の日中友好都 市協定を締結
(写真：神戸市)

▼現在のポートアイランドと神戸空港。博覧会後は住宅地 として造成されたが、パビリオンの一部は美術館などとして 現在も稼働(写真：Wikimedia Commons クレジット- 663highland)

三宮
神戸大橋
ポートアイランド
ポートライナー
神戸空港

◀神戸ポートアイラ ンド博覧会は、そ の後の地方博ブー ムの先駆けとなった
(写真：神戸市)

宮崎市長時代の経済優先政策に対し、災害対 策がおろそかだったのではないかとの批判も 集まった。震災直後に10万人ほど減った神 戸市の人口は、一度は盛り返すが、2011年 をピークに微減を続けている。「株式会社神 戸市」の語は現在、批判の意味で使われる方 が多いかもしれない。しかし、神戸市の現在 は良くも悪くも原口・宮崎両市長の時代に建 設されたインフラの上に立っているのであり、 改めて彼らの功績を見直してみることも必要 ではないだろうか。

▶宮崎市長の市政は ハード面に限らない。神 戸牛に次ぐブランドとして 神戸ワインを立ち上げる などアイデアマンとしても 知られた
(写真：神戸ワイナリー)

スパコンからがん治療まで
未来を動かす・創り出す
兵庫から発信する「世界一」

4期連続世界4冠
スパコン「富岳」の驚異

　2020〜2022年にかけて、コロナ禍に喘ぐ日本でいくつかの映像が広まった。咳や発話の飛沫の拡散は、マスクの有無や材質によってどう違うか。教室の窓を開けておくだけでどの程度換気できるか。咳の飛沫が対面の人の顔を完全に覆うショッキングな映像が流れるたび、『富岳』によるシミュレーション」とクレジットされたのを覚えている人も多いだろう。

　スーパーコンピュータ（通称「スパコン」）「富岳」は、理化学研究所と富士通の共同開発により、2021年3月から本格運用されて

スーパーコンピュータ「富岳」

▲幅約80cm×奥行約140cm×高さ約220cmの計算機432台で構成。格納されている計算機棟は1階にストレージシステム、2階に空調機械や熱交換器、変圧器など、そして3階に432台の筐体と、1棟まるごとが「富岳」である（写真：理化学研究所）

いるハイパフォーマンスコンピュータだ。2012〜2019年に共用されていた「京」の後継機として、同じ神戸市・ポートアイランドの理化学研究所に設置されている。

　スパコンの性能を競う世界ランキングで、「富岳」は2020〜2021年にかけて4期連続で4冠を獲得＊。計算速度、アプリケーションの実行性能、人工知能の学習性能、ビッグデータの処理性能の4部門で世界一の性能を見せつけている。たとえば計算速度なら、先行機「京」が1秒間に1京回の計算ができたのに対し、「富岳」は約44京回。「1京回」とは地球上の全人口80億人が1秒間に1回電卓をたたいて不眠不休で15日間かかる量だ。その44倍を1秒で、と言えば少しは実感が湧くだろうか。「富岳」2〜3台あれば、日本中のスマホやサーバーの年間出荷分と同等のITをカバーできてしまうのだ。

　様々な社会的・科学的課題の解決を目的に開発された「富岳」。最大の特徴は「普通のマシン」であることだという。特殊なシステムでなく一般的な汎用ソフトが動くので、世界最高水準の性能を幅広い分野で「普通に」活用できるのだ。研究者や専門家のみならず、たとえば高校生のプログラミングコンテストで使用されたりするのも、汎用性の高さを表

している。現在も新薬開発やゲリラ豪雨予測をはじめ、「富岳」は引き続きあらゆる分野で活躍中。その名のとおり性能は高く裾野は広く、世界一の「普通」を邁進してほしい。

世界一が隣り合う
播磨科学公園都市

舞台は西播磨へ移る。

たつの市、上郡町、佐用町にまたがる山あいに、目を剥くような「世界一」が集積する広大な地域がある。ここは、国のテクノポリス計画により1980年代から開発された「播磨科学公園都市」。簡単に列挙していこう。

・SPring-8…太陽の100億倍もの明るさに達する「放射光」を使って、物質の原子・分子レベルでの形や機能を調べることができる、世界最高性能の大型放射光施設。新薬開発から考古学、宇宙科学まで様々な分野で活躍中。

・SACLA…SPring-8に隣接して設置された、X線自由電子レーザー施設。SPring-8のさらに10億倍という非常に明るいレーザーを発生させ、物質のきわめて速い動きや変化の仕組みを解明する。SPring-8と連携して、それぞれの光の特性を生かした独創的な研究が行われている。

・兵庫県立粒子線医療センター…2001年の開設以来9000例以上**の治療実績を誇るがん治療専門病院。陽子線・炭素イオン線の2つの粒子線が利用できる、世界初・国内唯一の治療装置を備える（粒子線治療は放射線治

▶播磨科学公園都市から約30km離れた大撫山中腹に建つ西はりま天文台。なゆた望遠鏡の設置は2004年

◀アンドロメダ座の方向約3億光年先にある「Arp273」を撮影
（写真：いずれも兵庫県立大学 西はりま天文台）

療の一種で、外科的切除や化学療法に比べ身体の負担を小さくできるケースがある）。

・なゆた望遠鏡…これはエリアが離れるが、兵庫県立大学 西はりま天文台にある、公開望遠鏡としては世界最大級の光学望遠鏡。人間の「瞳」にあたる反射鏡の直径は2m、100億光年先の天体を観測できる。

錚々たる面々だ。SPring-8とSACLAの連携をはじめ、「富岳」など他地域の施設と連携した研究開発も行われており、兵庫どころか日本に留まらない成果をも上げ続けている。我々が思っている以上に、未来はもうそこまで来ているのかもしれない。

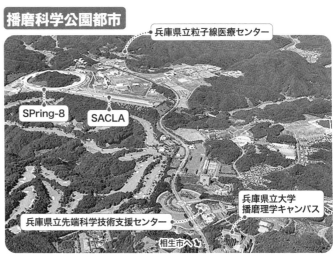

播磨科学公園都市

兵庫県立粒子線医療センター

SPring-8

SACLA

兵庫県立大学
播磨理学キャンパス

兵庫県立先端科学技術支援センター

相生市へ

▲SPring-8は直径約500mの大きな円形、SACLAは全長700mの細長い施設。本文に挙げたほかにも多くの研究施設や医療機関が集まる（写真：兵庫県企業庁）

山陰本線を代表する架け橋
観光資源として再出発した
余部鉄橋の歴史と今

鉄橋の直下にある
「道の駅あまるべ」▲

初代鉄橋の建設と悲劇

　余部鉄橋（余部橋梁）は山陰本線・鎧—餘部間にある橋梁で、長さは309.4m、高さは41.5mである。現在は2代目で初代橋梁は明治45年（1912）3月1日、山陰本線・香住—浜坂間の開通とともに運用開始された。これにより山陰本線は京都—出雲今市（現・出雲市）までがつながった。

　建設にあたっては前後の区間を山側（南側）に迂回する案もあったが、長大トンネルが必要になることなどから、結局現行のルートをとることになり、余部鉄橋が誕生することとなった。昭和34年（1959）4月16日には餘部駅が開業し、それまでこの鉄橋を渡って鎧駅方面の学校に通っていた地元の小中学生にとっては利便性と安全性が確保された。

　長谷川をまたぐ余部鉄橋は鋼材を組み合わせたトレッスル橋という形式で、日本一の長さ・高さのトレッスル橋となった。完成後は厳しい立地条件・気象条件にもかかわらず、地道な保線作業などの維持管理と気象変化に対する運転規制の実施などもあり、結果的には2010年7月までおよそ100年近くにわたって運用されたのであった。

　悲劇が起きたのは、昭和61年（1986）12月28日。香住から浜坂へ向かう回送列車が余部鉄橋にさしかかった瞬間、おりからの強風（当時の最大風速は33mと記録されている）にあおられ、機関車1両（DD51形ディーゼル機関車）と客車7両のうち、客車7両全車が鉄橋から下に転落してしまった。客車は「みやび」と名付けられたお座敷車両で、当時流行していたジョイフルトレインの仲間。デビュ

▲旧橋梁を渡る山陰本線の列車

▲現在の余部鉄橋を通過する山陰本線の列車

一からまだ間がなく、活躍が期待されていた車両であった。回送列車であるため乗客はいなかったが、車掌1名が犠牲となり、鉄橋の真下にあって車両の直撃を受けた水産加工工場の従業員5名も犠牲になる大惨事となってしまった。さらに車内にいた日本食堂の車内販売員3名と工場の従業員3名が重傷を負っている。

観光資源としての再出発

　大惨事が起こってしまったこと、鉄橋の経年劣化が進んでいたこともあり鉄橋の架け替えの議論が加速された。2001年11月にはJR西日本から架け替えの提案がなされ、新しい橋の設置、形態などが検討された後、ついに2007年3月、工事が着手された。

　3年半の工事のすえ、2010年8月12日、新しい橋の使用が開始された。新しい橋はコンクリートの強靭なものとなり、本線の山側にほぼ並行して設置された。景観的には従来の橋とは異なった形になったが、周りの景色の中に違和感も少なく溶け込んだ。工事中は列車への運行制限はなかったが、開通に先立つ2010年7月16日、旧橋を渡る最後の列車が運転された後、約1カ月の間、当区間は全面運

▶「空の駅」に至るエレベーター、余部クリスタルタワー

▼右の本線と並行した通路で、展望台に行くことができる

休とさせて新線切り替え工事が行われている。

　新しい橋(2代目)は2010年8月12日から使用開始されたが、地元では以前の橋にも増して観光資源として活用することが検討されていた。その結果、旧橋梁の一部を残し、さらにその旧橋梁上に『余部鉄橋「空の駅」』と名付けられた展望台が2013年5月にオープンした。展望台へは餘部駅から歩いて行くことができ、すぐそばを列車が通過する際には迫力あるシーンが展開された。

　さらに直下の広場から「空の駅」に至るエレベーター（愛称：余部クリスタルタワー）が2017年11月に完成し、列車だけでなく車などでの訪問も容易になった。また2012年7月には鉄橋直下に「道の駅あまるべ」もオープンしており、車での観光客などに利用されている。

　今は余部鉄橋を通過する列車も少なくなり、列車でのアプローチが難しくなっている。車での訪問客が大半を占めているのが実情である。しかしその分、以前よりも広くポピュラーな観光スポットになっていることは確かで、今後も夏の海水浴や冬のカニなどのグルメと合わせて、総合的な観光コースの一部として訪れる人が増えることが期待されている。

神戸の地下で各社ターミナルを結ぶ
自社の鉄道車両を持たない
神戸高速鉄道

車両も乗務員も持たない「トンネル会社」

　神戸高速鉄道は昭和43年（1968）4月7日に開通した鉄道路線である。それまで点在していた神戸市内の私鉄各線のターミナルを結び、相互に乗り入れを行い乗客の利便性を向上させることを目的に建設された。神戸高速鉄道という鉄道会社であるが、最大の特徴は自社の車両や乗務員を持たないこと。阪急三宮（阪急電鉄、現・神戸三宮）、阪神元町（阪神電鉄）、西代（山陽電鉄）、湊川（神戸電鉄）の各ターミナル駅を結び、それぞれの列車が乗務員ごと相手先の会社に乗り入れる形となった。ほぼ全線が地下となり、各社のターミナルから路線を延長して結ばれた。当初、阪急三宮・阪神元町―高速神戸―新開地―西代間は東西線、湊川―新開地間は南北線と名付けられた。南北線は神戸電鉄の列車がそのまま新開地発着に延長された。東西線は阪急の列車は新開地、一部の列車が山陽電鉄・須磨浦公園まで乗り入れた。阪神の列車は新開地までと、一

部の列車が山陽電鉄・須磨浦公園まで乗り入れた。山陽電鉄は新開地・阪急三宮・阪神三宮までと、一部の列車が阪急六甲、阪神大石まで乗り入れた。神戸高速鉄道の開業により、山陽電鉄・西代―兵庫間は廃止となり、自社線内では特急など優等列車として運転されても、神戸高速線内および乗り入れ相手先の線内では各駅停車で運転された。

複雑な成り立ちと今のすがた

　神戸高速鉄道は昭和33年（1958）設立。神戸市と私鉄4社（阪急、阪神、山陽、神戸）が共同出資する第3セクター鉄道である。今は第3セクター鉄道は全国に数多く見られるが、当時はほとんど例がなかった。また先述したように車両・乗務員は持たず線路・トンネル・

神戸高速鉄道の路線図

駅などの鉄道施設のみを保有する鉄道会社である。もちろん利用客からの運賃収入はある。神戸高速鉄道は独立した会社のため、当然収益をあげなければならないが、路線も短く、阪神・淡路大震災などもあったため経営的には厳しいものがあった。

2002年、神戸高速鉄道は北神急行電鉄（神戸電鉄谷上—神戸市営地下鉄新神戸間）の設備を保有することになった。北神急行電鉄は昭和63年（1988）4月に開業し、神戸市営地下鉄と一体化して運用されていたが、路線はひと駅間しかなく、ここも債務超過状態であった。そこで北神急行の鉄道施設を他社（ここでは神戸高速鉄道）に委託し、スリムな経営を目指す施策だった。この施策は阪急の主導で行われた北神急行の救済策であり、施設を神戸高速に売却する一方、路線の運営自体は引き続き北神急行が行い、北神急行の経営を安定させようとしたのであった。一方、神戸高速は定期的な路線使用料が北神急行から確保できることから、経営改善に進む兆しが見えるようになった。

2010年、今度は北神急行救済と同様の形で神戸高速鉄道の効率的な運営を行うため、運営体制の変更が実施された。阪急・阪神（2006年から阪急阪神ホールディングスとして合併）が東西線の運営を、神戸電鉄が南北線の運営を行い、山陽電鉄は西代—阪急三宮・阪神元町間の運営からは撤退（今まで通り乗り入れは継続）し、神戸高速鉄道は第3種鉄道事業（線路や設備を敷設・保有するだけで、鉄道の運営は他社に委託する鉄道会社）として、正式に路線の保有だけを担い、走らせる列車からの運賃収入はなくなった。利用者からの見た目はあまり大きな変化はないが、経営的には大きな変革となったのであった。具体的には、阪神元町—高速神戸—新開地—西代間は阪神が運営し、阪急三宮—高速神戸—新開地間は阪急が運営。重複する高速神戸—新開地間は阪神に運営を委託し、湊川—新開地間は神戸電鉄が運営する。列車の運転業務は4社が直接行い、運賃は収受するが列車の運行管理や駅業務は神戸高速鉄道に委託し、4社は神戸高速に委託料を支払うかたちになったのである。阪急三宮—新開地間は阪急の神戸高速線、阪神元町—西代間は阪神の神戸高速線、湊川—新開地間は神戸電鉄の神戸高速線と線名も改称された。

現在は阪神大阪梅田—山陽姫路間に直通特急が走り、阪急は新開地までの運転、山陽電鉄からの普通列車は阪急神戸三宮までの運転となっている。神戸高速鉄道は経営形態の変更はあったものの、相変わらず神戸の地下で、各社の輸送の連携に貢献している。

▲阪急神戸三宮駅に向かう山陽電鉄の電車。右はJR元町駅

▲クラシックな構えの高速神戸駅入口

▲高速神戸駅で並ぶ山陽電鉄の電車（左）と山陽姫路行直通特急（右）

「銀の馬車道」に思いを馳せて 通称・飾磨港線の廃線跡を歩く

播但線と飾磨港線

JR播但線は姫路から和田山を結ぶ、いわゆる陰陽連絡線のひとつである。大阪から浜坂、香住方面には特急「はまかぜ」が1日3往復設定されているほか、姫路近郊や阪神地区への通勤路線としても機能している。途中、寺前までは電化されており、朝夕は多くの通勤電車が走っている。この播但線は昭和61年（1986）までは姫路の南、飾磨港まで路線が延びており（通称・飾磨港線）、飾磨港駅が正式な播但線の起点駅であった。ただ飾磨港―姫路間の列車は姫路以北の区間への直通はなく、独立した運行となっていた。昭和30年代初頭までは1日4往復、昭和30年代半ば以降は廃止されるまで1日2往復しか旅客列車が走らない超ローカル線。また貨物は銀や鉱物などを飾磨港から出荷するための輸送が中心であったが、それも昭和40年代にはトラックに切り替わり、輸送量の減少から昭和61年11月のダイヤ改正で廃線となってしま

った。この時、路線の起点駅が廃止されるという珍しい事象が発生し、以後姫路が播但線の起点駅となっている。

全線が姫路市内にあり、都市内鉄道としての発展も考えられたが、並行する山陽電鉄の方がはるかに利便性が高く、利用客は少なかった。また貨物輸送も、生野鉱山が昭和48年（1973）に閉山したことから早い段階から衰退しており、むしろ昭和60年代まで残っていたことの方が奇跡的ともいえた。

廃止となった区間5.6kmには途中2つの駅、亀山と飾磨があり、亀山駅の方にはホームと駅名標（後から建てられたもの）が残っている。飾磨港線の線路跡は大半が遊歩道となっており、歩きながら往時を偲ぶことができる。終点の飾磨港駅跡には「みなとドーム」というスポーツ施設が建設され、残念ながら駅の痕跡は残っていない。昔はここからすぐそばの港に停泊する船への積み出しが行われていた。現役時代の旅客列車は広い構内のほんの片隅に1面1線のホームがあっただけで、1日に2

61. 3. 3 改正		姫　　路 ── 飾磨港　（播但線）						
	521D	523D	営業キロ	換算キロ	列　車　番　号	522D	524D	
…	729	1748	0.0	0.0	発 姫　路　着 ひめじ	……	758	1819
…	734	1753	2.4	2.6	〃 亀　山　発 かめやま	……	753	1814
…	738	1757	4.3	4.7	〃 飾　磨　〃 しかま	……	750	1810
…	741	1800	5.6	6.1	着 飾磨港　発 しかまこう	……	746	1807

飾磨港線時刻表

◀廃線直前の昭和61年10月号時刻表。わずか2往復の列車が姫路と飾磨港を結んでいる。線名は播但線であり、飾磨港線は通称である。

往復の列車が細々と発着していた。なお現在は飾磨港駅跡に隣接して姫路港旅客ターミナルが整備されており、家島や小豆島への航路が開設されている。

「銀の馬車道」から鉄道、そして廃線へ

明治になって、近代化された生野鉱山から産出された銀の搬出港となったのが飾磨港である。生野鉱山と飾磨港のあいだでは、銀の搬出、および銀の精錬に必要な石炭の搬入や鉱山周辺への生活物資の輸送などが盛んになり、大量輸送の必要が生じてきた。当時の交通手段は未発達で、大量輸送が期待できる馬車専用の道が計画・建設された。それが「銀の馬車道(正式には生野鉱山寮馬車道)」と呼ばれるもので、全長約49km、幅5.4～10.8mの直線主体の舗装道路で、明治9年(1876)に完成した。(☞P57)銀の馬車道は日本初の産業用道路、高速道路ともいえるもので、物資の輸送は格段に大量化、効率化された。しかし時代の流れはさらに大量輸送が可能な鉄道建設の方向に発展し、明治27年(1894)7月、播但鉄道によって、まず姫路―寺前間が開業。播但鉄道はのちに山陽鉄道に買収され、さらに明治39年(1906)4月、和田山ま

で全通したが、同年12月に国有化され播但線になった。飾磨港駅は播但鉄道時代の明治28年(1895)4月に飾磨駅として開業し、国有化ののち、大正4年(1915)9月に飾磨から飾磨港に改称されている。

生野鉱山と飾磨港のあいだの物資の流れは播但鉄道→国鉄播但線に取って代わられ、銀の馬車道は大正9年(1920)に廃止された。なお廃止といっても道が壊されたり無くなったりしたわけではなく、現在も県道や国道の一部、その他生活道路などに転用され、大半が残っている。銀の馬車道はさらにその先の明延鉱山などに至る「鉱石の道」と合わせて2017年4月に「播但貫く、銀の馬車道 鉱石の道～資源大国日本の記憶をたどる73kmの轍～」として、文化庁により日本遺産として認定されている。

このように銀の馬車道を継承した播但線であるが、その播但線もまた車などの発達のもとに衰退を余儀なくされ、ついにその一部である姫路―飾磨港間が、並行交通機関の利便性もあり廃止となってしまった。

飾磨港線の廃線跡は多くがきれいに残っており、近代日本を支えてきた産業遺産としての役割に思いを馳せながら、のんびりと歩いてみるのもまた一興ではないだろうか。

▲亀山駅。後から建てられた駅名標が跡地であることを示している

▲山陽電鉄網干線の線路下をくぐる廃線跡を歩く

▲みなとドーム。ここに終点の飾磨港駅があった

3分弱で歩ける 国道174号

神戸港と神戸市中央区を走る国道2号を結ぶ国道174号は、全長187.1mで、日本一短い国道となっている。具体的には第3突堤交差点と税関前交差点を結ぶ道だ。ちなみに一番長い国道は、東京と青森を結ぶ国道4号で、その距離は742.5km。

そもそも現在の国道とは、昭和27年（1952）に定められた道路法に基づくもので、主要な都市と都市を結ぶ幹線道路、高速自動車国道（高速道路）との連絡機能を持つ道路、そして主要な港や空港などに通じる道路の3種がある。国道174号は、3つ目にあたるもので、新道路法制定翌年の昭和28年5月18日に認定された。短いながらも、神戸港の物資流通のための産業道路として、重要な役割を果たす道なのである。また、港と直結する道は「港国道」とも呼ばれる。そして、国道1〜57号は、かつての道路法では1級国道、174号のように101号からの3桁の数字を持つ国道は、2級国道に分類されていたが、昭和40年制定の道路法ではその区別がなくなっている。

実は、この国道174号、以前は約940mあった。ところが、国道2号のルート変更により、その距離が短くなってしまったのだ。もともと大阪府大阪市と福岡県北九州市門司区を結ぶ国道2号は、三宮交差点を直進し西へ向かっていたのだが、現在は、三宮交差点手前で左折して海側へ向かっている。市内の渋滞を緩和するためにバイパスを通し、そのルートが国道2号となったためだ。

結果、兵庫県道30号の一部で「フラワーロード」と呼ばれる道を含め、三宮交差点まで続いていたかつての国道174号は、港から阪神高速3号神戸線の高架下近くを通る国道2号までに短縮されてしまったのである。人が1分間で歩く距離が約80mといわれることから、3分弱で歩ける国道という、珍しい特徴をもつことにもなった。

社会のコラム

神戸にあった！ 全長187.1m 日本一短い国道

◀「日本で一番短い国道です」との標識
▼昭和2年竣工の2代目庁舎を保存・活用しながら建設された3代目神戸税関庁舎前が、国道174号の起点となる

◀国道2号と国道174号の位置を示す地図

国語
&
美術　音楽　家庭　体育
術　　楽　　庭　　育
　　　　　　科

須磨で京を思って涙し
明石で恋をし子を得た
『源氏物語』の光源氏

須磨の現光寺前には
「源氏寺」と記された
石碑がある▶

人生の転機となった
須磨と明石での日々

　日本の古典文学の最高峰といわれる、紫式部の『源氏物語』。全54帖からなる超大作の中で、有名な帖に数えられるのが第12帖の「須磨」と第13帖の「明石」だ。

　光源氏は政敵の娘で、帝の寵愛を受けていた朧月夜との密会を重ねていたが、それが露見。激怒した政敵から謀反の濡れ衣を着せられ、官位を剥奪された源氏は、自ら須磨へ退く。須磨で憂愁の日々を送っていた源氏は

暴風雨のある夜、夢枕に立った亡き父から須磨を離れることを命じられる。折しも須磨の隣の明石からは、娘を源氏に嫁がせたいと思う入道が迎えに来ていた。明石に移った源氏は、入道の娘である明石の君と結ばれて子をもうけ、さらに赦免されて都に戻り昇進。それまでの謹慎生活とは一転して、栄達への階段を登ることになるという流れだ。

　こうした内容から、須磨・明石の帖は物語の転機となる場面といわれている。特に須磨の帖は、源氏の人生では唯一といっていいほど逢瀬のない時期で、登場人物たちが涙を流

『源氏物語図屏風』
（明石・蓬生）

安土桃山時代に描かれた図屏風（作者不詳）の一部で、源氏が須磨から明石へ移り、明石の君に出会う場面が描かれている。左上に見えるのが明石の君の屋敷と思われる
（写真：ColBase[https://colbase.nich.go.jp]）

す場面が多いことでも有名だ。物語の解説書である室町時代の『河海抄』には、琵琶湖畔の石山寺に籠っていた紫式部が、湖面に映った十五夜の月から物語の着想を得、須磨・明石から書き始めたと記されている。

▲紫式部は、自身の本名や生没年ははっきりしないが、書き残した『源氏物語』は不朽の名作との確固たる評価を築いた（写真:ColBase [https://colbase.nich.go.jp]）

なぜか存在する光源氏ゆかりの地

　源氏が退去した地として須磨が選ばれた理由は諸説ある。畿内の隅に位置する須磨は、「スミ」が転訛して地名になったといわれる辺境の土地だが、ギリギリ畿内。須磨へ退くことで、さらに遠方へ流されるのを避けるとともに、朝廷に謀反の意思がないことを示したという。また、源氏のモデルとされる人物の一人に、平安時代の公卿・歌人で、在原業平の兄の行平がいるが、須磨は行平が流された場所でもある。源氏の須磨での住まいも、行平の蟄居先の近くという設定だ。一方の明石は、都を追放された菅原道真が大宰府に赴く途中に歌を詠んだ土地。高貴な身分の人物が地位を追われて流転するという展開は、説話などでは「貴種流離譚」と呼ばれており、紫式部も須磨・明石の帖でこの展開を忠実に守ったといわれている。

　『源氏物語』はフィクションだが、須磨や明石には光源氏ゆかりのスポットが多い。須磨の海岸近くの現光寺は、いつの頃からか、源氏の旧居跡と語り継がれてきた。「源氏寺」との別名もある。同じく須磨の関守稲荷神社は、源氏が巳の日の祓＊＊をしたと伝わる場所。明石市の善楽寺は、明石の入道の屋敷があったとされる場所に建つ寺院で、近くには源氏が明石の君に会うために通った「蔦の細道」もある。虚構の人物にもかかわらず、実在の場所にその足跡が偲ばれるのは、それだけ光源氏が愛されたということなのだろう。

▲夕暮れの須磨海岸。白砂青松の美しい砂浜を持つ海岸として有名で、夏は多くの海水浴客で賑わう

▲室町時代の小堂を起源とする現光寺は、古代の須磨の関跡だと考えられている。現在の建物は阪神淡路大震災で全壊した後、再建されたもの

◀明石市には源氏が月見をしたという無量光寺があり、山門前の道が「蔦の細道」のモデルになったといわれる（写真：明石市観光協会）

＊神や身分の高い主人公が都や故郷を離れて放浪を続け、多くの苦難を乗り越えて尊い存在になるという説話の一類型
＊＊中国の故事にならって３月最初の巳の日に行なわれた祓で、人形に身の穢れなどを移して川や海に流す行事

兵庫が舞台の名作を著した2人の大文豪 志賀直哉と谷崎潤一郎

芦屋市にある
谷崎潤一郎記念館▲

城崎で生死を見つめた志賀直哉

　兵庫が舞台となった文学作品は枚挙にいとまがないが、中でも有名な作品の一つが、「小説の神様」といわれた文豪・志賀直哉の『城の崎にて』だろう。山手線にはねられて九死に一生を得た主人公の「自分」が、傷を癒やすために城崎温泉に逗留し、身近な動物の死に託して自分の死生観を語る物語だ。

　この「自分」とは、とりもなおさず志賀自身。大正2年（1913）、志賀は相撲観戦の帰り道、山手線にはねられて重傷を負った。一説では数メートルもはね飛ばされ、頭蓋骨が露出するほどの大けがを負ったという。東京の病院に入院して一命を取り留めた志賀は、

2週間後、療養のために城崎温泉を訪れる。老舗旅館の三木屋に3週間ほど滞在する間、蜂や鼠、イモリなどの死を目撃し、その体験をもとに執筆したのが『城の崎にて』だ。自身が創刊に関わった文芸雑誌『白樺＊』に大正6年に発表されたこの作品は、日本の心境小説の代表作の一つとされている。

　城崎については島崎藤村も昭和2年（1927）に訪れ、その2年前に起こった北但馬地震からの復興途上にあった町の様子を、紀行文の『山陰土産』に記している。城崎について書かれた文学作品は50点以上に及ぶといわれ、城崎温泉には志賀や島崎をはじめ、与謝野鉄幹・晶子夫妻、有島武郎、吉井勇といった、そうそうたる顔ぶれの文学碑が23ヵ所も設置されている。

◀志賀直哉（1883〜1971）は、人道主義や理想主義を理念とする白樺派の代表的な作家の一人で、多くの日本人作家に影響を与えたといわれる。『暗夜行路』、『和解』などでも知られる
（写真：国立国会図書館「近代日本人の肖像」）

▲志賀は城崎温泉を非常に気に入っていたようで、『城の崎にて』を発表してからも、生涯に十数回にわたって訪れたといわれる

＊志賀のほか武者小路実篤、里見弴、有島武郎、柳宗悦らによって明治43年（1910）に創刊された文芸誌。美術や音楽の分野でも多くの芸術家たちに影響を与えた

◀城崎温泉逗留中の志賀が滞在し、『城の崎にて』が生まれるきっかけとなった三木屋は、城崎温泉を代表する温泉旅館の一つ

◀谷崎潤一郎（1886～1965）は『痴人の愛』や『春琴抄』などを著し、美を追求する耽美派の作家として高い評価を受けた。『細雪』以外で兵庫を舞台にした作品に『蓼喰ふ虫』や『乱菊物語』がある

（写真：国立国会図書館「近代日本人の肖像」）

兵庫での生活を題材にした谷崎潤一郎

　兵庫を舞台とした作品を著したもう一人の文豪が、谷崎潤一郎だ。彼の代表作といわれる『細雪』は、因習的な大阪・船場の老舗問屋の4姉妹が主人公。彼女たちが、日常の出来事に一喜一憂しながら人生を歩む姿を描いた物語である。この問屋は大阪に本家、兵庫の芦屋に分家があり、分家にいる三女の結婚話がストーリーの軸になっていることから、芦屋の場面が多い。

　『細雪』も『城の崎にて』同様、自伝的要素の強い作品といわれる。関東大震災を機に関西へ移住した谷崎は、現在の神戸市や芦屋市など、「阪神間」と呼ばれる地域で約20年過ごした。そして、夫人の松子、松子の4姉妹との兵庫での生活を題材にして執筆されたのが『細雪』である。昭和18年から雑誌連載

が始まったこの作品は、軍による発行差し止めに遭いながら書き進められ、戦後に全編が発表された。斜陽しつつある上流階級の4姉妹を中心に、戦前の阪神間の風景や世相が描き出された『細雪』は近代文学の代表作とされることも多く、海外での評価も高い。

　生涯に約40回も引っ越しをした谷崎は、阪神間だけでも移り住んだ家は13軒にのぼる。その一つ、神戸市の倚松庵は昭和11～18年まで暮らした旧邸で、ここでの生活が『細雪』の題材となったようだ。さらに芦屋市には、谷崎潤一郎記念館のほか、谷崎が松子と婚礼をあげ、『猫と庄造と二人のをんな』の舞台とした屋敷で、後に詩人の富田砕花が住まいとした富田砕花旧居がある。

▲『細雪』には、芦屋市内を流れる芦屋川や、川に架かる業平橋などが登場する

▲東灘区にある倚松庵は、谷崎が住んでいた時代は同区内の違う場所にあったが、平成2年（1990）に現在地に移築され、公開されている

「日本民俗学の父」柳田國男の感性を育んだ生まれ故郷、福崎町

標高683mの七種山をはじめ
山々に囲まれた自然豊かな福崎町▲

辻川の河童の思い出

柳田國男は、明治8年（1875）、兵庫県神東郡田原村辻川（現・神崎郡福崎町西田原）に、医者で儒学者の松岡賢次（操）と学者の家筋のたけを両親に生まれた。男ばかり8人兄弟の六男である（次男、四男、五男は早逝）。

零落した貧しい家だが、柳田は病弱とはいえ感受性豊かで利発な子供だった。

「辻川というような非常に旧い道路の十文字になったところで育ったことが、幼い私に色々の知識を与えてくれたように思う」と、自伝『故郷七十年』に柳田は書いている。

同書には幼いころの記憶として、自由の権利を叫ぶ酔っぱらいの道楽者や、ぞろぞろ歩いていた赤い衣の囚人たち、悲惨な飢餓を目撃したことなどが記されている。

また、「播州は神隠しの話の非常に多いところであった」と綴り、「私の村では、日暮れに太陽が沈みそうになると、親は頭の中で子供の勘定をして、みんな揃っているかどうかと心配したものだった」と回想。さらには、ガタロと呼ばれていた河童の記憶も鮮明だ。「子どものころに、市川で泳いでいるとお尻をぬかれるという話がよくあった。それが河童の特徴なわけで、（中略）毎夏一人ぐらいは、尻を抜かれて水死した話を耳にしたものである」と書く。

▲柳田國男（1875～1962）は、代表作に『後狩詞記』『石神問答』『遠野物語』『海上の道』など。昭和37年、福崎町の名誉町民となる（写真：成城大学民俗学研究所）

▲「私の家の小ささは日本一」と柳田が自伝に書いている生家。もとは辻川の街道に面していたが、昭和49年に、柳田少年がよく遊んだ鈴ノ森神社の傍に移築された（兵庫県指定重要民俗文化財）（写真：町立柳田國男・松岡家記念館）

これらの体験が、後年、怪談も含めた全国の民話や伝承を体系づけた「日本の民俗学の父」と称される柳田の原点なのだろう。

さらに11歳のときには、ずば抜けた成績ゆえに辻川の旧家三木家に預けられ、4万冊もある蔵書を乱読したというから驚きだ。

名著『遠野物語』の刊行

柳田が辻川を離れたのは、明治20年、12歳のときである。医師となった長兄が開業していた茨城県の布川(現・利根町布川)に身を寄せ、3年後には三兄の暮らす東京へ。兄たちの経済援助により、第一高等中学校(のちの第一高等学校)から東京帝国大学法科大学に進学。森鴎外をはじめ、田山花袋や国木田独歩、島崎藤村らと交流し、柳田の和歌や抒情詩は高い評価を受けるが、帝大卒業後に就職したのは、農商務省農務局だ。

26歳のときに大審院判事の柳田直平の養嗣子となり、3年後には同家の四女と結婚。

高級官僚であり、農政学者の柳田は、地方の農村の現実を見てまわった。岩手県遠野出身の佐々木喜善から聞いた伝説や昔話、年中行事などをまとめた『遠野物語』を刊行したのは35歳のときだ。冒頭に「願わくはこれ

▲三木家(現・NIPPONIA播磨福崎 蔵書の館)の離れの2階(県指定重要有形文化財)。11歳の柳田はこの部屋で膨大な蔵書を読みあさった(写真:福崎町地域振興課)

▼手前は池に沈んだ河童の弟、河次郎(ガジロウ)、奥はお皿が乾いて動けなくなった兄の河太郎(ガタロウ)。辻川山公園には、ほかにも多くの妖怪たちがいる(写真:福崎町地域振興課)

を語りて平地人を戦慄せしめよ」と記した本書は、山人の存在や山と平地の文化交流を軸に民俗文化を捉え、代表作の一つとなる。

柳田は、内閣法制局を経て貴族院書記官長に至るが44歳で下野し、朝日新聞社の客員として全国を行脚。膨大な著作の大半は、朝日新聞社を退いた55歳以降に発表している。

日本文化の源流や、貧困や差別について探求し続けた柳田は、昭和24年(1949)に日本民族学会を設立。昭和37年8月、87歳の生涯を閉じた。

◀「柳田國男・松岡家記念館」の庭に建つ柳田の歌碑「をさな名を人によばるゝふるさとは　昔にかへるこゝちこそすれ」。明治42年7月3日『北国紀行』の旅の途中、辻川に寄つたときの歌(写真:町立柳田國男・松岡家記念館)

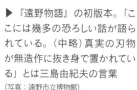

▶『遠野物語』の初版本。「ここには幾多の恐ろしい話が語られている。(中略)真実の刃物が無造作に抜き身で置かれている」とは三島由紀夫の言葉(写真:遠野市立博物館)

遠野物語

宝塚が生んだ世界の至宝
"漫画の神様"
手塚治虫の少年・青年時代

日本の漫画、
アニメの世界を開拓した
手塚治虫▶

手塚「治虫」の誕生

日本動画協会の発表によると、2021年の日本のアニメ産業市場は2兆7422億円を記録し、最高値を更新した。また同年の日本のコミック市場は紙とデジタルを合わせて6759億円で、こちらも過去最高である。今では日本を代表するカルチャーといわれるアニメや漫画。それらの礎を築いたのが、手塚治虫である。

手塚治(本名)は、昭和3年(1928)11月3日、現在の大阪府豊中市岡町で生まれた。5歳のときに現在の兵庫県宝塚市御殿町に越してき

て、24歳で仕事の場を東京に移すまでの約20年間を宝塚で過ごしている。

祖父が財産を残した手塚家は裕福な家庭で、映画や写真撮影が趣味で漫画好きの父と、ピアノと宝塚歌劇が好きな母のもとで治は育った。自宅には父の買った漫画本や絵本、外国の童話などたくさんの本があり、幼少の頃から漫画に親しんでいた。

絵を描くのが得意だった治が初めて漫画を描いたのは、大阪府池田師範学校附属小学校(現大阪教育大学附属池田小学校)に通っていた9歳のとき。わら半紙に描いた『ピンピン生チャン』は、クラスメイトに回覧されて大人気に。授業中に読んでいた生徒から取り上げた先生も叱るどころか褒めるほどのできばえで、治はより熱心に漫画を描くようになった。

5年生になった治は、友達に見せて

◀子どもたちの日常を描いた『ピンピン生チャン』。日中戦争開戦当時の世相を反映するような内容もあった

▶北野中学校に入学する年の4月の手塚治。中学では、美術班と地歴班に所属して活動した

もらった『原色千種昆蟲図譜』という図鑑が
きっかけで昆虫に心奪われるようになった。
当時の宝塚は、宝塚ホテルや宝塚大劇場など、
モダンな建物もあったが、山野や林が広がる
自然豊かな場所で、治は弟や友達とたびたび
昆虫採集に出かけていた。また、その図鑑で
知ったオサムシという昆虫が気に入り、「治」
に虫の字を付けて「治虫」というペンネーム
にしたのもこの頃だった。

◀大阪大学附属医学専門部時代。治は医学と漫画のどちらを選択するかを悩んだが「好きな道を進めばよい」という母の言葉を受けて漫画家の道を選んだ

戦争を経て漫画家へ

　昭和16年、大阪府立北野中学校に入学し
ても漫画を描き、昆虫採集に熱中する日々は
続いていた。在学中に、これまで学んだこと
や集めた標本をもとにして、約400種の虫を
描き、解説文を付けた昆虫図鑑『原色甲蟲圖
譜』第一集を作成。後に第二集も発行した。

　当時の中学は5年制だったが、戦争の激化
により治の学年は4年で卒業になり、勤労動
員されて、淀川沿いの大阪石綿工業に勤めた。
飛行機の格納庫の屋根に用いるスレート板を
作る工場で勤務中に、治はB29による空襲に
遭っている。工場は火の海となり、命からが
ら逃げ出したものの、真っ黒焦げになった遺
体や真っ赤に燃え上がった大阪の街を目撃。
このときの死の恐怖や戦争体験を通して「二
度と戦争を起こしたくない」という強い思い
を抱くようになり、後に作品を通してそのメ
ッセージを送り続けていくことになる。

　昭和20年7月、大阪大学附属医学専門部に
入学。戦争が終わり、自由に漫画を描けるよ
うになると、漫画の原稿を持って新聞社を回
って掲載の売り込みをかけた。どこからも断
られてしまうが、知人の紹介で昭和21年に
『少国民新聞（後の毎日小学生新聞）大阪版』
で『マアチャンの日記帳』の連載がスタート。
漫画家・手塚治虫のデビューである。

　翌年、作画を手がけた『新宝島』が40万部
の大ヒット。これを機に手塚治虫の名は出版
社に知られるようになり、本格的な漫画家の
道を歩み始める。そして24歳で上京。

　平成元年（1989）2月9日に胃がんで亡くな
るまで、漫画原稿約15万枚、漫画作品約
700編、アニメーション約60編を手がけた。
それらの作品には、「生命の尊さ」という手塚
治虫の永遠のテーマが貫かれている。

▲小学校入学前の少年マアチャンを主人公にした4コマ漫
画『マアチャンの日記帳』。昭和21年1月4日から3月31日ま
で74回連載した

美術　建築　安藤忠雄

日本が誇る建築家
安藤忠雄が手がけた
兵庫県内の建築物をめぐる

震災で計画を
全面的に見直した
淡路夢舞台▶

（写真：ひょうご観光本部フォトライブラリー）

神戸を愛する建築家

　建築家・安藤忠雄は昭和16年（1941）、大阪府大阪市で生まれた。戦時中は兵庫県の山中に疎開し、終戦後に現在の大阪府旭区に移り住んだ。工業高校在学中にプロボクサーになるものの、その道は諦めて独学で建築を学ぶ。昭和44年に大阪に事務所を開くと、昭和51年に竣工した「住吉の長屋」で日本建築学会賞を受賞。建築家としての名声を確立した。

　住吉の長屋を手がけた翌年、安藤の初期代表作のひとつが神戸にも完成している。北野地区に建つ商業施設「ローズガーデン」だ。煉瓦の壁や切妻屋根を採用し、異人館が残る北野地区の雰囲気に合わせている。この建物を皮切りに北野地区の商業施設や住宅をいくつも手がけ、今でも安藤建築を目的にこの地を訪れる人が多い。また、昭和53年には六甲の集合住宅を依頼されるなど、神戸は安藤にとって重要な地になっていった。

　2022年3月、安藤は自らが設計した「こども本の森 神戸」を神戸市に寄贈した。これまでも幼稚園など、子ども向けの施設を手がけてきたが、子どものために設計した公共施設第1号は姫路市の「兵庫県立こどもの館」である。子どもが自分で考えて学べる場所にす

るため、敷地全体が遊び場となるようにデザインされている。平成元年（1989）の完成後、老朽化が進んだが2021年にリニューアルし、美しい姿を取り戻した。新旧の子ども向け安藤建築を比較するのにおすすめだ。

　平成7年1月17日、阪神・淡路大震災の発生をロンドンで知った安藤は、仕事の予定をキャンセルして帰国。無残な姿に変貌した街を見て、「復旧は難しいかもしれない」とうちひしがれ、それから毎日のように被災地を歩き、その光景を目に焼き付けた。そして、独自の復興計画を練り上げたり、亡くなった人々の鎮魂のための植樹運動を始めたりと、愛する神戸のために力を尽くした。

　「淡路夢舞台」はこの頃進行していたプロジェクトで、震災を機に大きく設計を変更。当初ホテルを建てることになっていた斜面地に、震災犠牲者の追悼を目的とした大規模な花壇「百段苑」を造った。

　臨海部復興の核となった「兵庫県立美術館」と、隣接する「神戸市水際広場」の設計も安藤が手がけた。2001年に完成した美術館には、18年後に第2展示棟（Ando Gallery）が開館し、震災の記録スケッチや復興計画の模型など、大震災からの復興のために安藤が行った活動の記録などが展示されている。

ローズガーデン（神戸市）

地下1階地上3階建ての複合ビルで、中庭を間にして2つの棟が向かい合うように建っている。この建物の完成と同年に放送が開始したNHK連続テレビ小説『風見鶏』によって北野の観光地化が進んだ。

◀建物内部に中庭があり、光が差し込んでくる

六甲の集合住宅Ⅰ（神戸市）

当初は六甲山の麓の平坦地の分譲住宅の設計を依頼されたが、背後の60度の斜面に建つ集合住宅を提案。厳しい建築規制と難工事の末に竣工まで約5年を有した。後にⅡ、Ⅲ、Ⅳ期も手がけている。

◀コンクリートのユニットが階段状に組み上げられている

本福寺 水御堂（淡路市）

楕円形の蓮池を造って、その下に本堂を置くという前代未聞のアイデア。檀家衆からは反対されたものの、大徳寺の高僧が絶賛したことで事態は一変し、当初のアイデア通りの本堂が完成した。

◀長径40mの楕円の池の中央の階段を降りると本堂がある（写真：ひょうご観光本部フォトライブラリー）

兵庫県 木の殿堂（香美町）

平成4年のセビリア万国博覧会の日本館を移築する予定であったが諸問題から実現できず、新たにデザインしたもの。直径46mの円形平面の建物が、森の中に埋没するように造られている。

◀中央がくりぬかれた円柱に近い形をしている

淡路夢舞台（淡路市）

淡路島の広大な土砂採掘場跡地を再生するための巨大プロジェクト。兵庫県南部地震の震源となった断層に近い場所にあったため、プロジェクト中止の危機もあった。建築に先立ち30万本の植樹が行われた。

◀1辺約4.5mの正方形の花壇が並ぶ「百段苑」

兵庫県立美術館（神戸市）

大きな直方体のボックスを3つ平行に配置したような形態をとっている。地下1階から2階の屋外スペースまでを結ぶ円形テラスや、ガラス張りの廻廊など、建物各所にさまざまな見どころがある。

◀西日本最大級の規模を誇る美術館

沿線開発の一環として誕生した
出演者が女性だけの歌劇団は
「逆転の発想」から始まった!?

ファミリー向けの
新たな余興としてスタート

　今では「宝塚」と聞けば、誰もが真っ先に思い浮かべるのは「宝塚歌劇団」だろう。世界的に稀有な出演者が女性のみの宝塚歌劇は、男装の麗人（男役）をメインとするレビューを連日繰り広げ、全国のファンを熱狂させている。しかしそのルーツを探っていくと、大正期に人気を博した三越少年音楽隊から着想を得た「逆転の発想」であった。

　時代は明治40年（1907）にさかのぼる。この年に設立された箕面有馬電気軌道（現・阪急電鉄）は、明治43年（1910）に梅田駅（現・大阪梅田駅）から宝塚駅間と、石橋駅（現・石橋阪大前駅）から箕面駅間を開業。同社の専務取締役であった小林一三は、都市と郊外を結ぶ路線の乗客数を増やすために、積極的な沿線開発に乗り出した。小林は「子育て世代の家族をターゲットにすること」が沿線開発のポイントと考え、温泉行楽地であった宝塚の新たな観光名所として、明治44年（1911）

▲『グレート・ギャツビー』（2022）は20世紀アメリカ文学の最高峰と言われるフィッツ ジェラルドの同名小説を舞台化した人気作。宝塚歌劇では、幅広いジャンルの題材を元にした公演を行っている©宝塚歌劇団

▼第1回公演『ドンブラコ』のワンシーン。会場は宝塚新温泉内の「パラダイス」劇場で、左に桃太郎の姿が©宝塚歌劇団

に宝塚新温泉（後の宝塚ファミリーランド）を建設し好評を得た。翌年には室内プールを擁する洋館の娯楽場「パラダイス」をオープンさせたが、プールの水温が低かったことと、男女共泳が禁じられていたことから閉鎖されることとなった。その後、室内プールの有効利用が話し合われ、十代の少女を採用して「宝塚唱歌隊」を結成し、宝塚新温泉の新しい魅力として売り出すアイデアを大正2年（1913）に考え出した。つまり、小林一三が、当時人気を博していた三越少年音楽隊にヒントを得て、あえて「少女」による舞台を着想したことが、現在の宝塚歌劇団のルーツとなっているのである。その愛らしい舞台は、老若男女を問わず楽しめる娯楽として親しまれ、後の沿線の発展にも寄与することとなった。

おとぎ話からレビューへ
男役スターの誕生

　大正2年12月には「宝塚少女歌劇養成会」と改称され、その翌年に第1回公演を開催。当初はオリジナルの作品ではなく、「桃太郎」を題材にした歌劇『ドンブラコ』や『浦島太郎』など、おとぎ話をベースにした創作劇が上演され、これがファミリー層に受け入れられて評判を集めた。このスタイルから、やがて海外のミュージカルや漫画原作のオリジナル、歌舞伎や浄瑠璃など幅広いジャンルを扱う現在のプログラムへと広がっていく。大正7年には東京の帝国劇場に進出、翌年には文部省認可の私立学校「宝塚音楽歌劇学校」を設立し、養成会は解散して「宝塚少女歌劇団」として発足。ここに音楽教育＝次世代のスター養成というシステムが確立する。

　次なるエポックは、演出家の岸田辰彌が欧米での遊学を経て、昭和2年（1927）に帰国したことだった。彼はさっそく日本初のレビュー『モン・パリ〈吾が巴里よ〉』を制作。大階段やラインダンスなどの演出を組み込んだ同作は大ヒットし、華麗なレビュースタイルが定着した。また、この時代に登場した現在の男役スターのスタイルは、「松竹楽劇部」のスター、水の江瀧子が初めて短髪で男性役に扮したことも参考にされたと言われている。

　現在、宝塚歌劇団では花組・月組・雪組・星組・宙組という5つの組、そして専科が年間を通して公演を行っている。その卒業生からも数々の名優を生んでおり、「宝塚」の名を押しも押されもせぬ「全国ブランド」として確立した功績は、非常に大きいと言えるだろう。

▲昭和3年（1928）に上演の『モン・パリ〈吾が巴里よ〉』から。当時の観客を圧倒し、以後のレビューに欠かせない要素となった、日本初のラインダンス©宝塚歌劇団

世界の舌を魅了する「神戸牛」
ミナト神戸の歴史とともに育った
めくるめく牛肉食文化

伝説のシューターの名の由来
世界に名だたる「神戸牛」

NBAでスタープレイヤーとして活躍したコービー・ブライアント（Kobe Bean Bryant）。彼の名の由来が「神戸牛」だ、というのは有名な話だ。同じくバスケットボール選手だった父親のジョー・ブライアントが、「神戸牛」の美味しさに感動して息子に名付けた、というエピソードを、本人は「ridiculous（バカげてる）」と一刀両断したとか。ともあれ、こんな話が聞かれるほどに、神戸牛の旨さは世界的に（肉食大国アメリカにおいてすら！）認められているのだ。

「神戸牛」のブランドには、「日本一厳しい」とも言われる定義がある。

▲豊かな自然に恵まれた但馬は神戸牛の故郷。兵庫県立但馬牧場公園では但馬牛などの動物と触れ合うことができる

・兵庫県内の指定生産者が繁殖・肥育した但馬牛であること。（但馬牛は神戸牛のほか松阪牛・近江牛などのルーツでもある）
・県内の食肉センターに出荷した生後28ヵ月令以上から60ヵ月令以下の未経産牛・去勢牛であり、歩留等級（一頭の牛から取れる可食部の割合）、肉質等級（霜降りの度合い、色、肉生地のきめ細かさ、脂の質などの総合評価）で一定以上のランクのもの。

これをクリアして初めて「神戸牛」を名乗ることができる。2020年度の出荷数は6120頭。ここ10年ほどで倍以上に伸びているが、まだまだ希少な肉であることに変わりない。

きめ細かい赤身の中に繊細な霜降り（サシ）が入るのが「神戸牛」の特徴。サシは人肌で溶けるほど融点が低く、甘みのある赤身と交わることでまろやかさととろけるような食感をプラスしてくれる。旨みのあるサーロイン、あっさりしたフィレ、濃厚なロースなど、部位による味の違いもぜひ堪能してほしい。

なお、コービー・ブライアントは平成10年（1998）に初めて神戸を訪れ、2001〜2011年には神戸大使も務めたが、2020年不慮の事故で一生を終えた。神戸市もメリケンパークで追悼ライトアップを行い、希代の名選手の死を惜しんだ。

◀▼兵庫県花「のじぎく」に「神戸肉」の印は、「神戸牛」に認定された証し。この美しいサシが「神戸牛」の特徴

仕掛け人は伊藤博文!?
文明開化と肉食文化

　神戸でこれほど世界に通用する牛肉が生み出されたのには、ミナト神戸の歴史と深いつながりがある。江戸時代ごろまで、日本で牛といえば農作業での使役動物であり、一般に肉食の習慣はなかったとされる。ところが慶応3年(1868)の神戸開港とともに多くの外国人が流入。先に開港した横浜居留地の外国人たちによって既に但馬産牛肉が高く評価されていたこともあり、ここ神戸でも食肉用の牛の手配が急務となった。

　二ツ茶屋村(現在の中央区元町周辺)の農民だった岸田伊之助は、ある外国船船長に牛の融通を頼まれたのを機に、食用牛肉の販売を開始する。明治4年(1871)、日本人による神戸初の牛肉販売店、大井肉店の創業である。

　イギリス留学帰りの初代兵庫県知事・伊藤博文らが奨励したこともあり、肉食文化は一気に日本人にも普及する。明治8年の『郵便報知(現在の報知新聞)』は「肉食の盛んなところは神戸が第一で、1ヵ月に八百頭の牛をさばく」と報じた。この特需に潤った岸田は、さらなる肉質向上を目指して播州や但馬などの産地へ足を延ばし、牛の解体技術や肉牛の見分け方などを研究。この努力が、後の「神戸牛」ブランド確立に大きく貢献することとなる。

　大井肉店は現在も元町で精肉店・レストランを展開。「神戸牛」のほか独自に開発した和牛「大井牛肉」などを提供している。

▲▶文明開化当時はもっぱらすき焼きが好まれたが、現代では肉の味をダイレクトに味わえるステーキが主流。客の目の前の鉄板で焼くカウンタースタイルのレストランも多い

▲明治20年、現在と同じ場所に建てられた「大井肉店」店舗。バルコニー付きで窓にステンドグラスをはめ込んだモダンな洋館は、現在博物館明治村内に移築保存されている

123

ホテル仕込み、客船仕込み、それとも？
外国人に磨かれ、街場で進化した
港町ならではの名物洋食

オリエンタルホテルと日本郵船
神戸洋食の2つの源流

　古き良きハイカラ神戸の食といえば、港町らしい洋食も外せない。神戸の、あるいは日本の洋食の源流としてしばしば名が挙がるのが、「オリエンタルホテル」と「日本郵船」だ。

　幕末の開港とともに、さまざまな欧米文化が流入したミナト神戸。居留地周辺には、来日外国人御用達のホテルや飲食店が次々オープンした。明治3年（1870）には、日本最古クラスの西洋式ホテルであるオリエンタルホテルが開業。これは明治20年ごろ、フランス人料理人ルイ・ベギューがオーナー兼料理長となったことでめきめきと評判を上げる。近郊の大石村（現在の灘区）に広大な菜園を設け、アスパラガスやタマネギ、レタスなど当時の日本では珍しかった野菜を栽培するなど、本場さながらのこだわりで提供されたフランス料理は、西洋人はもちろん国内の特権階級の人々をも魅了した。『ジャングル・ブック』などで知られるイギリス人作家ラドヤード・キップリングもこのころ同ホテルに宿泊、料理と接客を絶賛している。

　一方、明治18年に設立された日本郵船は、三菱財閥系と非三菱系、当時日本の海運の主

▼明治40年（1907）ごろ、海岸通にあった三代目のオリエンタルホテル（絵葉書）

役を務めていた2つの海運会社が合併したもの。国内競合を廃し国力を結集させるため、日本国政府の仲立ちで誕生した新会社は、まさに日本のフラッグシップ・キャリアとなった。この日本郵船で世界的に注目されたのが、客船サービス、特に料理のすばらしさだ。何日も船の中で過ごす乗客にとって、一番の楽しみは食事。日本郵船では料理の質やサービスの水準を保つため、明治時代後期から教師が各船に乗船、便数の増加などでそれが難しくなると横浜に養成所を構えて、料理人や給仕の指導に当たった。会社として、乗客の「胃袋をつかまえる」ことに命運を賭けていた証左だろう。

　ホテルで、客船で、外国人や要人たちの厳しい舌に磨かれた日本人コックは、やがて独

立し、街場で自分の店を持つ。日本の庶民の嗜好に合わせて少しずつ変化していった西洋料理は、独自の「港町洋食」として花開いていった。

現代の神戸を代表する 人気店の味のルーツを探る

現代の神戸で、オリエンタルホテルや日本郵船直系の洋食店はほとんどない。しかしルーツをたどると、初代はホテルや客船のコックだった、という店は今も多い。

神戸・元町の洋食店**グリルミヤコ**の名物タンシチューは、フリルのように絞り出したマッシュポテトに縁どられて提供される。見た目にも「映える」かわいらしい演出だが、これはもともと客船スタイル。船が揺れてもソースがこぼれないよう、ポテトで「土手」を作ったのだ。初代店主は外国航路船で20年務めた料理人。船で受け継がれてきたドゥミグラスソースを持ち帰り、継ぎ足しながら今も使い続けているそうで、ソースの歴史はゆうに150年を超えるのだとか。阪神・淡路大震災で被災した際にも、真っ先に守ったのがこのソースだったという。

南京町の**伊藤グリル**も、初代は欧州航路船出身だ。経験を活かして店でもヨーロッパスタイルを踏襲、高級洋食店として常連客同士のちょっとした社交場の様相を呈した。船上では新鮮な食材が手に入りにくいため、じっくり煮込むシチュー料理が中心になりやすい。この店の名物も長らくシチュー一本だったが、三代目の時代に一念発起、神戸牛の炭火焼きステーキをメニューに加え、現在は二枚看板で人気を博している。

旧居留地の**グリル十字屋**の初代女将は、雲仙の外国人保養地のホテルで、オランダ人シェフから料理を学んだ。女将自身が3カ国語を話したこともあり、開業当初は客の9割が外国人。各国のスパイスが自然と持ち寄られ、混ざり合って、今に伝わる味が完成したという。

ほかにも、昭和中期に新開地などの下町で庶民的な洋食がブームとなり、一食数百円で食べられる手軽な店が多く生まれるなど、前出の2つのルーツに依らない店も増えている。名物料理を味わうとき、そのルーツに思いを馳せてみると、また違った「味」を楽しめるかもしれない。

▲昭和40年(1965)創業、グリルミヤコの名物タンシチュー。縁どりのマッシュポテトは、ソースと絡めて食べても美味

◀伊藤グリル三代目肝入りの神戸牛ステーキ。創業は大正12年(1923)、現在は四代目が腕を振るう

▶グリル十字屋のシチュービーフは、昭和8年(1933)の開店当初多く訪れた外国人客らの指南による多国籍ミックスの味わい

外国人をも魅了した「神戸洋服」から平成の「神戸系」女子大生まで。神戸ファッションの歴史と現在

明治天皇の服も仕立てた日本人初の本格的テーラー

　神戸市中央区、旧居留地にほど近い東遊園地に、「日本近代洋服発祥の地」の碑が立っている。近代洋服とは、タキシードやビジネススーツなどの洋装のこと。神戸開港から間もない明治2年（1869）、イギリス人カペルがこの付近にテーラーを構えたのが、神戸最初の洋服店とされる。

　幕末の開港によって、日本は二百十数年ぶりにあらゆる西洋文化の洗礼を受けた。港町神戸はその最前衛だ。明治16年には、カペルの一番弟子・柴田音吉により、日本人初の本格的な洋服店が元町に誕生。当時手に入りにくかった最高級の生地、日本人ならではの丁寧な仕事で評判を上げ、明治天皇のお召し服や、初代兵庫県知事の伊藤博文の洋服も仕立てたという。西洋に憧れる上流階級にとって、ヨーロッパ直伝の洋服を元町のテーラーで新調することは大きな魅力であり、誇りでもあった。柴田のほかにも上質な日本人テーラーは次第に増え、神戸製の紳士服は「神戸洋服」とブランド化されて全国的な人気を博するようになった。

　明治時代中ごろから、浜側の外国人居留地

▲▶柴田音吉洋服店は、現在も元町商店街で営業、全国に顧客を持つ神戸きってのテーラー*。写真は明治16年、創業当時の様子（写真：柴田音吉洋服店）

は次第にオフィス街に姿を変え、外国人たちは山手の北野エリアに異人館を建てて移住し、浜側へ通勤するようになる。彼らのメインの通勤路がトアロードだった。路傍には外国人向けの飲食店や衣料品店が増え、神戸随一のおしゃれストリートに。トアロード周辺は現在も神戸のファッション発信地であり、昔ながらのハイカラを受け継ぐ店、今風のカジュアルを提案する店、様々に入り交じりながら神戸ファッションを牽引している。

　時を経て昭和48年（1973）、神戸市は全国

▶トアロードの老舗帽子店「マキシン」は昭和15年創業。昭和45年の大阪万博でタイムカプセルに収蔵された帽子も手がけた

◀トアロードは現在も神戸の流行発信地

に先駆けて「ファッション都市宣言」を行う。諸外国との様々な交流のなかで発達した、衣・食・住・遊にわたる生活文化産業全般を「ファッション産業」と定義、振興するものだ。翌年には神戸洋服商工業協同組合により、冒頭に挙げた顕彰碑が建立・寄贈された。

平成中期に咲き誇った「神戸嬢」の洗練スタイル

　さて、「神戸ファッション」と聞いて、時代的にもう少し身近なものを想像された方も多いのではないだろうか。若い女性の、いわゆる「神戸系」ファッションだ。

　2000年代初頭を中心に、「神戸系」は女性ファッション業界の最前線にあった。『JJ』『ViVi』などのファッション誌で特集されたそれは、神戸山手〜阪神間の若い女性が好む、上品でコンサバ（保守的）な洗練されたファッションを指す。誌上では現役女子大生が読者モデルとなり、等身大のコーディネートで流行を牽引した。ちなみにこれとよく比較された「名古屋嬢」は、高級ブランドを好み、髪を太い縦巻きカールにする「名古屋巻き」、

キラキラ派手な色柄・小物使いなどが特徴であり、エレガントを旨とする神戸系とはひと味違うとされた。いずれも東京から見た印象であるため、コンサバとされた「神戸系」も関西らしい華やかさが注目されたが、鮮やかな色柄を使っても決して派手すぎず「洗練」を踏み外さないのが、育ちの良い「神戸嬢」たちの腕の見せ所だったといわれる。

　これらのムーブメントを象徴するのが、2002年にスタートしたファッションショー「KOBE COLLECTION」だ。10〜20代の若い女性を対象に、実際に街で着られる・店で買えるデザイン・価格帯のリアルクローズを発表するショーを、全国に先駆けて行ったのである。「神戸系」の流行自体はその後下火となったが、神戸ファッションは今もオシャレの最前線として、全国的に一目置かれる存在であり続けている。

　20周年を迎えた2022年秋冬のKOBE COLLECTIONでは、生田神社や三宮センター街、旧居留地など街中をランウェイに見立ててショーが行われた。まさに街全体で「ファッション都市」を体現するイベントに成長しているのだ。

▲ファッションの舞台は街の中にある、との考えのもと、街並みの中で行われた「KOBE COLLECTION 2022 A/W」
©神戸コレクション制作委員会

洋菓子のルーツは「瓦せんべい」？
和・洋菓子が未分化の時代に
ハイカラな味を追い求めた職人たち

洋菓子の材料で作る
洋風せんべい

　今や全国区の知名度を誇る神戸の洋菓子も、ルーツをたどれば開港とともに日本に入ってきたもの。ただし明治初年から今のようなケーキやクッキーが作られたわけではなく、日本の洋菓子の原型となったのは「瓦せんべい」だとする説がある。

　外国人の多く暮らした開港当時の神戸には、それまで日本ではあまりなじみがなかった食材や生活物資が集まるようになる。砂糖・卵・小麦粉といった洋菓子の基本食材も、港町だからこそ手に入る高級品だった。神戸の菓子職人・松井佐助はこれらの材料を用いて、従来の米を用いたものとは異なる洋風せんべいを考案する＊。当時の日本人にとってこれは憧れの西洋風の味覚であり、「贅沢せんべい」「ハイカラせんべい」などと呼ばれて世の注目をさらった。考えてみれば、同じ材料をオ

▶職人たちが1枚ずつ手焼きで仕上げる瓦せんべい。作り方は現在も変わっていない
（写真：亀井堂総本店）

▼楠公の雄姿が焼き込まれた瓦せんべい。焼き印は企業ノベルティなどとしてオリジナル製作もできるが、そのアイデアを考案したのも創業者の松井佐助

ーブンでふんわり焼き上げるとカステラになるわけで、これが神戸の「洋菓子」のルーツと言っても、まんざら間違いでもあるまい。

　折しも明治5年（1872）に湊川神社が創建され、神戸は全国各地からの参拝者で賑わっていた。松井は湊川神社の主祭神・楠木正成の絵姿をせんべいに焼き付け、屋根瓦の形に整えて、神戸名物として盛大に売り出した。翌明治6年には西国街道（現在の元町通）に亀井堂総本店を開業。明治23年、東京で開催された第3回内国勧業博覧会にも瓦せんべいを出品し、全国区の名物となった。

▶やわらか焼は直径15cmほど。少しあぶってバターを付けると完全に洋菓子の味わいに

　＊瓦せんべいの発祥には諸説あり、神戸以外にも高松などで元祖とされる店が複数ある。

なお、現在も販売している「やわらか焼」は、この博覧会出品時に「長距離の輸送でせんべいが割れてしまうのではないか」という懸念から、「割れない瓦せんべい」として開発されたもの。もっちりとやわらかい、カステラとせんべいの中間のような食感は独特で、今もファンの多い逸品だ。創意工夫に長けた松井の本領発揮というところか。

唯一無二の食感と味
ゴーフル誕生の物語

　同じ元町商店街に現在も本店を構える菓子の老舗で、もう一軒見落とせない所がある。

　神戸凮月堂の初代・吉川市三は、江戸時代から菓子業を営んでいた東京・南鍋町の凮月堂で修業を積む。のれん分けを受けて神戸に出店したのが明治30年だ。マロングラッセなど洋菓子も取り入れたラインナップで人気を得たが、大正15年（1926）年ごろに転機が訪れる。洋行帰りの客がフランスの焼菓子を店に持ち込んだことが、あのロングセラー、ゴーフル誕生の契機となったのだ。

　「フランスの焼菓子をただまねるのではなく、日本人の嗜好に合うように」。和菓子の伝統と洋菓子の進取の精神で、試作研究を重ねて作り上げたゴーフル。サクッと軽やかな

▼万人に愛される名品スイーツ、ゴーフル。昭和2年（1927）の発売以来レシピはほぼ変わっていない

食感と、はかない口溶け、そしてやさしい甘さ、我々もよく知るあの味はこの時点で既に完成していたが、その製法や機器は現在とはかなり異なる。生地は1枚ずつ焼き型で裏表を引っくり返しながら手焼き。クリームもいちいち手作業でサンドして1組ずつ仕上げる。手間も費用も非常にかかる作り方で、1日に800枚程度しか生産できず、売価も割高にせざるを得なかった。一般に浸透するにはかなりの時間を要し、また第二次世界大戦中には原料統制で生産中止に追い込まれる。その分、戦後に生産を再開してからの大躍進はご存じのとおり、今や日本中の百貨店でゴーフルの姿を見ないことはない。

　神戸の洋菓子は大正時代、第一次世界大戦やロシア革命の影響で日本へやって来た（または連行されて来た）外国人たちによって基盤が築かれたといわれる。バウムクーヘンを持ち込んだユーハイム、ウイスキーボンボンを知らしめたゴンチャロフ、バレンタインデーを広めたモロゾフら、1920〜30年代の彼らの功績は確かに大きい。しかし多くの日本人職人が、和菓子と洋菓子が未分化の時代からハイカラな味の開発に研鑽を重ねたことが、神戸の洋菓子の発展に大きく貢献してきたこともまた注目すべき事実なのだ。

◀ゴーフルを手焼きしていた時代の様子。瓦せんべいの製造風景にも似ている

▶第二次世界大戦の神戸大空襲で店舗は全壊。こちらは疎開先で唯一残ったゴーフル缶
（写真：神戸凮月堂）

スポーツ・レジャー都市構想の中心地として誕生した阪神甲子園球場

一大エンタメ拠点「甲子園」のはじまり

　阪神タイガースの本拠地で、高校野球の聖地でもある阪神甲子園球場は、阪神間の町の間を縫うように流れる武庫川の下流域、西宮市の浜手にある。なぜここが野球少年たちの夢の舞台となったのか？　はじまりは、戦前に行われた武庫川の大規模な治水と、阪神電気鉄道による夢のあるスポーツ・レジャー都市計画だった。

　球場の東側を流れる武庫川は、昔から暴れ川と呼ばれるほど水害が多く、大正9年（1920）に兵庫県が改修工事に着手。支流の枝川、申川を廃川し、本流のみとする治水を行った。大正11年にその広大な廃川敷地を取得した阪神電鉄は、アメリカのコニー・アイランドのような遊覧地化を構想。当時、学生野球が人気を集めていたことから、巨大な野球場の建設を計画する。

　球場「甲子園大運動場」が完成した大正13年は、十干の最初の甲と十二支の最初の子が揃う縁起の良い年回りだったため、エリア一帯を「甲子園」と命名。スポーツと健康をテーマに、球場の周辺に「百面コート」といわれた大規模なテニス施設、ラグビーやサッカー競技などを行う大運動場、全日本の競技会が催されるような本格的なプールを建設。さらに動物園、遊園地、水族館、スケートリンク、プールなど遊戯施設を集約した「阪神

▲完成当時の外観。当初はラグビーや馬術の大会からスキージャンプ大会まで様々なイベントが開催された（写真:阪神電気鉄道株式会社）

▼壁面を覆うツタは開業初年に植えられている
©阪神甲子園球場

▼昭和4年に外野スタンドの一部を改修増設。高い位置にあり「アルプススタンド」と呼ばれた©阪神甲子園球場

パーク」も設置し、一大スポーツ・レジャー拠点となった。

こうして1920年代から、太平洋戦争の影が忍び寄る1940年代初めまで、甲子園は関西のスポーツ・レジャーの中心的役割を担うことになる。

土にこだわりあり、ツタに歴史あり

アメリカの野球場をモデルに造られた甲子園大運動場＊は、内野50段、外野20段、総収容人員5万人という大球場だった。グラウンドの土は、野球に最適な色・粘り・硬さを求め、試行錯誤の末、神戸・熊内の黒土に淡路島の赤土を混ぜ合わせたこだわりのオリジナルブレンド（現在は異なる）。球場外壁のツタも開業時点で植えられている。

完成後すぐ、それまで同市内の鳴尾球場で開催されていた大阪朝日新聞社主催の全国中等学校優勝野球大会（現在の全国高等学校野球選手権大会、すなわち「夏の甲子園」）の第10回大会がここで開催され、翌年には、名古屋で行われていた大阪毎日新聞社主催の選抜中等学校野球大会（「春の甲子園」）もこちらへ移動。現在に至るまで、甲子園は全国の高

校球児たちの憧れの地であり続けている。

あのベーブ・ルースが甲子園の土を踏んだ翌年、昭和10年（1935）には阪神タイガースの前身となる大阪タイガースが誕生。以来、数々の名勝負がここで繰り広げられてきたのはご存じのとおりだ。

2010年に全面リニューアルを終えて、生まれ変わった阪神甲子園球場。だが、球場を埋め尽くす虎ファンの熱狂的な応援風景は変わらない。なお、長い歴史を共に歩んできた外壁のツタはこの時いったん伐採されたものの、「ツタの里帰り」として再植樹され、100年の歴史のその先に枝を伸ばしはじめている。

球場を支える匠「阪神園芸」
（写真：阪神園芸）

▲壁面のツタやグラウンドの土、天然芝などを管理しているのが「阪神園芸」。植栽の管理はもちろん、雨で水浸しになった地面をあっという間に回復させるグラウンドキーパーの仕事っぷりは、「神整備」と言われるほど有名

＊開業当初は「甲子園大運動場」、昭和39年（1964）に「阪神甲子園球場」に名称変更。

紅葉も美しい「西の比叡山」

書寫山は姫路城の北西にそびえる仏教の修行の場。山上に鎮座する書寫山圓教寺は、康保3年（966）に性空上人が開創したと伝わる天台宗の古刹。西国三十三所のうち最大規模の寺院で、格式の高さから「西の比叡山」とも称される。

崖の上にせり出すように立つ摩尼殿は、当寺のシンボル的存在だ。天禄元年（970）、この崖に天人が舞い降りて桜の木を拝む姿を上人が見て、生きたままの木に六臂如意輪観音菩薩像を刻み、これを本尊として堂宇を建てた、との伝説が遺されている。京都の清水寺などと同様、背後の崖を削り、前面には高い脚を組んだ舞台造り。晩秋には舞台全体が紅葉の中に浮かび上がるような見事な眺めを楽しめる。

山上一帯に広がる境内には、ほかにも堂々たる伽藍が立ち並び、重要文化財も多数。観光スポットとしても人気が高い。

▲岩山の中腹に立つ摩尼殿は、秋は見事な紅葉に包まれる。国指定重要文化財の四天王立像もここに安置されている（写真：姫路市）

トム・クルーズがここに！感動のロケ地散歩

当寺の人気の秘密はそれだけではない。深山幽谷の趣、荘厳な伽藍の雰囲気が好まれ、映画やドラマのロケ地としてしばしば登場しているのだ。

最も有名なのは、2003年公開の映画『ラスト サムライ』だろう。明治維新期の日本を舞台に、アメリカ人退役軍人（トム・クルーズ）と日本人士族（渡辺謙）らの交流を通して、日本の武士道を描いた作品だ。四季のイメージをここで撮影するた

め冬と春の情景を作り込んだが、雪のシーンの準備には1週間かかったという苦労譚も。

2014年放送のNHK大河ドラマ『軍師官兵衛』では、物語の序盤で、黒田官兵衛（岡田准一）・竹中半兵衛（谷原章介）・石田三成（田中圭）らが毛利軍攻めの陣を張ったのがここ。史実の上でもゆかりの地であり、演者もスタッフも士気の上がる現場だったという。

ほかにも2003年のNHK大河ドラマ『武蔵』、2015年の映画『黒衣の刺客』など、数多くの作品がここで撮影されている。面白いところでは、『ラストサムライ』に俳優として出演した原田眞人がこの地に惚れ込み、後に監督として映画『駆込み女と駆出し男』（2015年）の舞台とした、というエピソードも。

数々の名作がここで生まれたのも、この地が持つ古き良き日本の清冽な空気感によるところが大きいだろう。あのスターと同じ空気を味わうために当地を訪れるのも、また一興。

▲書寫山圓教寺の中核をなす3つの伽藍、右から大講堂・食堂・常行堂（いずれも国指定重要文化財）。『軍師官兵衛』の出陣シーンはこの広場で撮影

美術のコラム
あの名作の舞台にも!?
書寫山圓教寺

▲坐禅会なども行われる常行堂。『ラスト サムライ』ではトム・クルーズと渡辺謙がここで挨拶を交わしていた（写真：姫路市）

算数

現在の兵庫県
人口と世帯数、
面積

兵庫県（令和4年11月1日現在）
人口 540万2640人
世帯数 243万1479
面積 8400.94km²（令和4年7月1日現在）

播磨・但馬・淡路に丹波と摂津の一部を加えた旧5カ国で構成された兵庫県。平成10年（1998）には91の自治体があったが、平成11〜18年にかけて合併が行われ、29市12町の計41市町からなる、現在の姿になった。

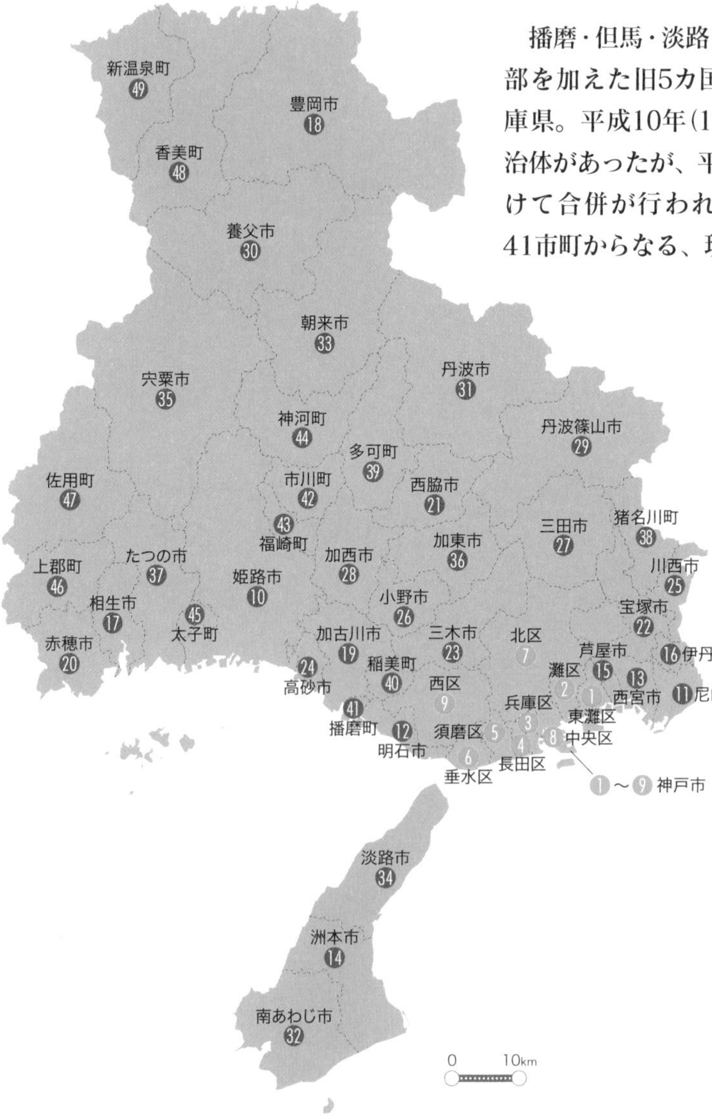

新温泉町 49
豊岡市 18
香美町 48
養父市 30
朝来市 33
宍粟市 35
神河町 44
多可町 39
丹波市 31
丹波篠山市 29
佐用町 47
市川町 42
西脇市 21
三田市 27
猪名川町 38
43
福崎町
加西市 28
加東市 36
川西市 25
上郡町 46
たつの市 37
姫路市 10
宝塚市 22
相生市 17
45
太子町
小野市 26
三木市 23
北区 7
芦屋市 15
16 伊丹市
赤穂市 20
加古川市 19
稲美町 40
西区 9
灘区 14
兵庫区 5
13
11 尼崎市
24
高砂市
41
播磨町 12
明石市
須磨区 4
東灘区
中央区
西宮市 8
長田区
垂水区 6
1〜9 神戸市
淡路市 34
洲本市 14
南あわじ市 32

0　10km

（データについての注釈）
人口・世帯数は令和4年11月「兵庫県推計人口」より
面積は国土交通省国土地理院公表の「令和4年全国都道府県市区町村別面積調」より

神戸市		
人口 151万17人		
世帯数 74万3572		
面積 557.03km²		

⑩姫路市
人口 52万4955人
世帯数 22万7665
面積 534.56km²

⑳赤穂市
人口 4万4602人
世帯数 1万8937
面積 126.85km²

㉚養父市
人口 2万1256人
世帯数 8286
面積 422.91km²

㊵稲美町
人口 3万24人
世帯数 1万1641
面積 34.92km²

①東灘区
人口 21万1907人
世帯数 10万3266
面積 34.03km²

⑪尼崎市
人口 45万5555人
世帯数 22万3812
面積 50.71km²

㉑西脇市
人口 3万7413人
世帯数 1万5038
面積 132.44km²

㉛丹波市
人口 6万4人
世帯数 2万3329
面積 493.21km²

㊶播磨町
人口 3万3732人
世帯数 1万4098
面積 9.13km²

②灘区
人口 13万6614人
世帯数 7万1013
面積 32.66km²

⑫明石市
人口 30万4593人
世帯数 13万5859
面積 49.42km²

㉒宝塚市
人口 22万4054人
世帯数 9万6463
面積 101.80km²*

㉜南あわじ市
人口 4万2911人
世帯数 1万7249
面積 229.01km²

㊷市川町
人口 1万657人
世帯数 4268
面積 82.67km²

③兵庫区
人口 10万9971人
世帯数 6万3518
面積 14.67km²

⑬西宮市
人口 48万4369人
世帯数 21万8948
面積 99.96km²*

㉓三木市
人口 7万3583人
世帯数 3万628
面積 176.51km²

㉝朝来市
人口 2万7933人
世帯数 1万1405
面積 403.06km²

㊸福崎町
人口 1万9100人
世帯数 7861
面積 45.79km²

④長田区
人口 9万3746人
世帯数 5万368
面積 11.36km²

⑭洲本市
人口 4万288人
世帯数 1万8008
面積 182.38km²

㉔高砂市
人口 8万6106人
世帯数 3万7058
面積 34.38km²

㉞淡路市
人口 4万1331人
世帯数 1万7787
面積 184.24km²

㊹神河町
人口 1万163人
世帯数 3790
面積 202.23km²

⑤須磨区
人口 15万6532人
世帯数 7万4576
面積 28.93km²

⑮芦屋市
人口 9万3932人
世帯数 4万3079
面積 18.47km²*

㉕川西市
人口 15万1065人
世帯数 6万4296
面積 53.44km²

㉟宍粟市
人口 3万3411人
世帯数 1万2871
面積 658.54km²

㊺太子町
人口 3万3213人
世帯数 1万3018
面積 22.61km²*

⑥垂水区
人口 21万518人
世帯数 9万7299
面積 28.11km²

⑯伊丹市
人口 19万7215人
世帯数 8万3580
面積 25.00km²

㉖小野市
人口 4万6862人
世帯数 1万8149
面積 92.94km²*

㊱加東市
人口 4万214人
世帯数 1万7194
面積 157.55km²

㊻上郡町
人口 1万3405人
世帯数 5496
面積 150.26km²

⑦北区
人口 20万7946人
世帯数 8万9695
面積 240.29km²*

⑰相生市
人口 2万7514人
世帯数 1万1649
面積 90.40km²

㉗三田市
人口 10万6783人
世帯数 4万2687
面積 210.32km²

㊲たつの市
人口 7万2840人
世帯数 2万8172
面積 210.87km²*

㊼佐用町
人口 1万5097人
世帯数 5890
面積 307.44km²

⑧中央区
人口 14万8167人
世帯数 9万2655
面積 28.97km²

⑱豊岡市
人口 7万5438人
世帯数 3万545
面積 697.55km²

㉘加西市
人口 4万1448人
世帯数 1万6247
面積 150.98km²*

㊳猪名川町
人口 2万8722人
世帯数 1万1020
面積 90.33km²

㊽香美町
人口 1万5157人
世帯数 5833
面積 368.77km²

⑨西区
人口 23万4616人
世帯数 10万1182
面積 138.01km²

⑲加古川市
人口 25万7812人
世帯数 10万8795
面積 138.48km²

㉙丹波篠山市
人口 3万8631人
世帯数 1万5771
面積 377.59km²

㊴多可町
人口 1万8510人
世帯数 6584
面積 185.19km²

㊾新温泉町
人口 1万2725人
世帯数 4901
面積 241.01km²

大正時代〜令和の 兵庫県の人口推移と 現在の年齢別人口

　兵庫県の人口はすでに減少局面に入っていて、2040年には2010年より90万人以上減少すると考えられている。市区町別に見ると神戸市中央区と伊丹市、明石市ではまだ人口増加が続くが、2030年頃からは全ての市区町で減少に転じると推測されている。人口構造は、団塊の世代と団塊ジュニア世代の2つの大きな山がある壺型。ただし、神戸と阪神南地域の人口が多く、地域ごとの人口構造には大きな違いが生じている。

兵庫県の人口推移 「政府統計　長期時系列データ（大正9年〜令和2年）都道府県別人口」より

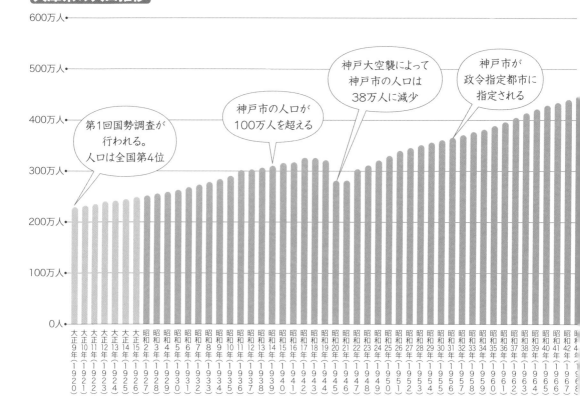

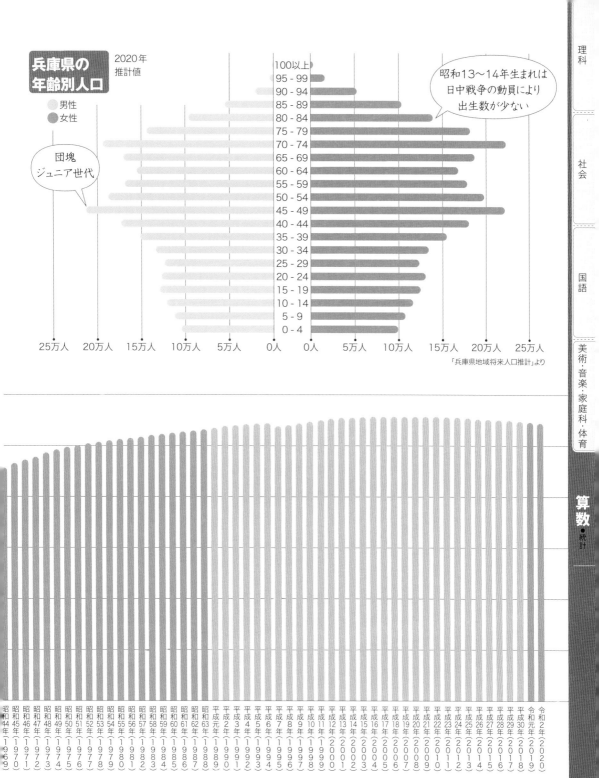

兵庫県の市町の地価

　神戸市の各区、その他の市町の地価公示価格の最高価格の一覧。兵庫県では524地点で地価が上昇した。住宅地、商業地のいずれも都市部と地方部において地価の二極化が継続している。

地価公示価格とは
国土交通省の土地鑑定委員会が地域の
標準的な地点（標準値）を選定し、
毎年1月1日時点の正常な価格として公表。
兵庫県には1194の標準地がある。

各市町の地価公示価格最高値一覧

市町村名	区名	所在地	1㎡あたりの価格
神戸市	東灘区	岡本1丁目	77万8000円
	灘区	森後町2丁目	66万円
	兵庫区	水木通1丁目	51万3000円
	長田区	松野通1丁目	32万4000円
	須磨区	飛松町3丁目	50万5000円
	垂水区	五色山1丁目	20万円
	北区	北五葉1丁目	17万1000円
	中央区	三宮町1丁目	612万円
	西区	学園西町2丁目	14万6000円
尼崎市		潮江1丁目	70万5000円
西宮市		高松町	101万円
芦屋市		船戸町	79万5000円
伊丹市		中央1丁目	52万円
宝塚市		逆瀬川1丁目	44万円
川西市		中央町	59万3000円

市町村名	所在地	1㎡あたりの価格
三田市	中央町	25万2000円
猪名川町	伏見台1丁目	5万9200円
明石市	本町1丁目	52万円
加古川市	加古川町篠原町字三ツ升	33万2000円
高砂市	米田町島字二反田	9万4300円
稲美町	六分一字蒲ノ上	6万2000円
播磨町	北野添2丁目	9万5400円
西脇市	野村町字大門	5万2700円
三木市	末広2丁目	7万4500円
小野市	黒川町	7万8700円
加西市	北条町北条横尾字池田	7万1000円
加東市	上中字溝ノ内	6万3500円
多可町	中区中村町字軍勢	2万1500円
姫路市	駅前町	159万円
福崎町	南田原字東田	7万3400円

市町村名	所在地	1㎡あたりの価格
相生市	本郷町	8万4400円
赤穂市	加里屋字駅前町	8万6200円
宍粟市	山崎町山崎字山田町	4万4700円
たつの市	龍野町富永字古川	7万1900円
太子町	鵤字水走り	6万5000円
上郡町	竹万字京免	3万800円
佐用町	三原字前田	4350円
豊岡市	城崎町湯島字中	17万7000円
養父市	八鹿町八鹿字篭ノ口	3万9700円

市町村名	所在地	1㎡あたりの価格
朝来市	和田山町寺谷字和田山下	4万3400円
香美町	香住区七日市字大縄内	3万7000円
新温泉町	七釜字浦田	3万9000円
丹波篠山市	大沢2丁目	7万円
丹波市	柏原町柏原字東海老ケ畑	3万900円
洲本市	本町5丁目	10万4000円
南あわじ市	広田広田字久保ノ下	5万8000円
淡路市	志筑字南	6万5000円

地点別順位

区分		第1位	第2位	第3位
価格順	住宅地	芦屋市船戸町 63万5000円	神戸市東灘区岡本2丁目 58万5000円	神戸市中央区山本通1丁目 55万円
	商業地	神戸市中央区三宮町1丁目 612万円	神戸市中央区磯上通8丁目 361万円	神戸市中央区明石町 338万円
	工業地	神戸市灘区大石南町3丁目 16万4000円	神戸市東灘区魚崎南町3丁目 15万9000円	尼崎市名神町2丁目* 14万6000円
上昇率順	住宅地	神戸市灘区灘北通8丁目 33万1000円(+4.4%)	神戸市灘区下河原通3丁目 28万9000円(+4.3%)	神戸市灘区岩屋中町2丁目 26万7000円(+4.3%)
	商業地	芦屋市業平町 66万8000円(+6.0%)	芦屋市船戸町 79万5000円(+5.3%)	伊丹市伊丹1丁目 30万5000円(+4.5%)
	工業地	尼崎市西向島町 13万2000円(+8.2%)	神戸市東灘区魚崎浜町 8万1900円(+6.4%)	神戸市東灘区住吉浜町 6万7900円(+6.3%)
下落率順	住宅地	豊岡市竹野町竹野字西町 1万9300円(-6.3%)	上郡町竹万字西田 2万1100円(-6.2%)	赤穂市御崎字西町 2万9100円(-6.1%)
	商業地	神戸市中央区中山手通1丁目 111万円(-6.7%)	神戸市中央区三宮町1丁目 612万円(-5.8%)	神戸市中央区北長狭通3丁目 115万円(-5.7%)
	工業地	神戸市兵庫区高松町 6万5400円(0.0%)	神戸市長田区駒ヶ林南町 6万7400円(0.0%)	ほか計5地点が同率で第1位

＊尼崎市若王寺3丁目が同額で第3位

主要参考文献(年代順)

三宅理一著『安藤忠雄 建築を生きる』(みすず書房/2019年)

中野晴行著『伝記を読もう19 手塚治虫 まんがとアニメでガラスの地球を救え』(あかね書房/2019年)

原田信男著『義経伝説と為朝伝説』(岩波書店/2017年)

『別冊太陽 日本のこころ255 安藤忠雄 挑戦する建築家』(平凡社/2017年)

杉山博久著『直良信夫の世界 20世紀最後の博物学者』(刀水書房/2016年)

柳田國男著『故郷七十年』(講談社/2016年)

中村啓信監修・訳注『風土記 上 現代語訳付き』(KADOKAWA/2015年)

『KAWADE夢ムック文藝別冊[総特集]手塚治虫〈増補新版〉地上最大の漫画家』(河出書房新社/2014年)

先﨑仁監修『意外と知らない兵庫県の歴史を読み解く! 兵庫「地理・地名・地図」の謎』(実業之日本社/2014年)

田井玲子著『外国人居留地と神戸 神戸開港150年によせて』(神戸新聞総合出版センター/2013年)

瀧音能之編著『風土記謎解き散歩』(中経出版/2013年)

安藤忠雄著『仕事をつくる 私の履歴書』(日本経済新聞出版社/2012年)

井上辰雄著『平清盛と平家のひとびと』(万来舎/2012年)

新井孝重著『楠木正成』(吉川弘文館/2011年)

大国正美編著『兵庫県謎解き散歩』(新人物往来社/2011年)

土居晴夫著『神戸居留地史話』(リーブル出版/2007年)

大石学著『元禄時代と赤穂事件』(KADOKAWA/2007年)

別冊歴史読本 76『稀代の軍師 黒田如水と一族』(新人物往来社/2007年)

元木泰雄著『源義経』(吉川弘文館/2007年)

春成秀爾著『考古学はどう検証したか』(学生社/2006年)

永沢道雄著『なぜ都市が空襲されたのか』(光人社/2003年)

中元孝迪著『姫路城 永遠の天守閣』(神戸新聞総合出版センター/2001年)

秋山虔著『源氏物語を行く』(小学館/1998年)

国松俊英著『おもしろくて やくにたつ 子どもの伝記16 手塚治虫』(ポプラ社/1998年)

直良三樹子著『見果てぬ夢「明石原人」——考古学者直良信夫の生涯』(時事通信社/1995年)

播磨学研究所編『世界の遺産 姫路城』(神戸新聞総合出版センター/1994年)

春成秀爾著『「明石原人」とは何であったか』(日本放送出版協会/1994年)

『新潮日本文学アルバム 柳田国男』(新潮社/1984年)

酒入三世子編・梅沢篤之介写真『神戸異人館写真集』(建築博容社/1978年)

高橋徹著『明石原人の発見——聞き書き・直良信夫伝』(朝日新聞社/1977年)

主要参考ホームページ(五十音順)

赤穂大石神社…https://www.ako-ooishijinjya.or.jp/

赤穂の塩づくりの記憶…https://ako-salt.jp/

芦屋市谷崎潤一郎記念館…https://www.tanizakikan.com/

淡路島日本遺産…https://kuniumi-awaji.jp/

NHK WEB特集 太平洋戦争"最後の戦没艦"…
 https://www3.nhk.or.jp/news/html/20220810/k10013758161000.html

鹿島建設…https://www.kajima.co.jp/

香住青年会議所…http://kasumi-seinenkaigisyo.info/

きのさき温泉観光協会 志賀直哉と文学のまち…https://kinosaki-spa.gr.jp/about/history/literarytown/

銀の馬車道ネットワーク協議会…https://www.gin-basha.jp/

鉱石の道推進協議会…https://koseki-michi.com

神戸北野異人館街公式サイト ～神戸の異国情緒を異人館から～…https://www.kobeijinkan.com/

神戸旧居留地オフィシャルサイト…https://www.kobe-kyoryuchi.com/

神戸教育情報ネットワーク　神戸の自然シリーズ1…
　http://www2.kobe-c.ed.jp/shizen/strata/dnso_org/01076.html

神戸市文書館…https://www.city.kobe.lg.jp/information/institution/institution/document/top.html

神戸市埋蔵文化財センター…https://www.city.kobe.lg.jp/culture/culture/institution/center/

神戸市立博物館…https://www.kobecitymuseum.jp/

神戸っ子…https://kobecco.hpg.co.jp/

国土交通省近畿地方整備局六甲砂防事務所『六甲山のおいたち』…
　https://www.kkr.mlit.go.jp/rokko/rokko/history.php#:˜:text

JA全農兵庫…http://www.hg.zennoh.or.jp/

史跡 生野銀山…http://www.ikuno-ginzan.co.jp/

須磨浦商店街…http://sumaura.jp/

竹田城跡…https://www.city.asago.hyogo.jp/takeda/

丹波地域恐竜化石フィールドミュージアム『化石の宝庫、篠山層群！』…
　https://tamba-fieldmuseum.com/study/fossil

丹波竜.com『丹波竜について』…https://www.tambaryu.com/about/65.html

手塚治虫 TEZUKA OSAMU OFFICIAL…https://tezukaosamu.net/jp/

灘五郷酒造組合…https://www.nadagogo.ne.jp

日本遺産「銀の馬車道・鉱石の道」推進協議会…http://wadachi73.jp/

日本遺産ポータルサイト「播但貫く、銀の馬車道 鉱石の道」…
　https://japan-heritage.bunka.go.jp/ja/stories/story045/

日本建設業連合会…https://www.nikkenren.com/

ネットミュージアム兵庫文学館ウェブサイト『柳田国男』…
　https://www.artm.pref.hyogo.jp/bungaku/jousetsu/authors/a189/

白鹿記念酒造博物館…https://sake-museum.jp/

阪神大水害デジタルアーカイブ…https://www.kkr.mlit.go.jp/rokko/S13-2/index.php

姫路城…https://www.city.himeji.lg.jp/castle/

姫路フィルムコミッション…https://www.himeji-kanko.jp/fc/

兵庫県南部地震データ集　6,100万年前から隆起してきた六甲山（1）…
　http://www2.kobe-c.ed.jp/shizen/strata/equake/mtrokko/index2.html

兵庫県立考古博物館…https://www.hyogo-koukohaku.jp/

兵庫県立人と自然の博物館…https://www.hitohaku.jp/

兵庫県立歴史博物館…https://rekihaku.pref.hyogo.lg.jp/

兵庫津日本遺産の会…https://hyogonotsu.com/

福崎町立柳田國男・松岡家記念館…http://www.town.fukusaki.hyogo.jp/html/kinenkan/

文化庁 世界遺産一覧表記載推薦書 姫路城…https://bunka.nii.ac.jp/suisensyo/himeji/index-j.html

ベネッセ 教育情報サイト 竹田城…https://benesse.jp/contents/history/takedajou/

湊川神社…https://www.minatogawajinja.or.jp/

文部科学省…https://www.mext.go.jp/

文部科学省研究開発局地震・防災研究課『兵庫県の地震活動の特徴』…
　https://www.jishin.go.jp/regional_seismicity/rs_kinki/p28_hyogo/

ユネスコ世界ジオパーク　山陰海岸ジオパーク　国際的な重要性…
　https://sanin-geo.jp/know/geopark04/

ほか、各市区町村や観光協会のホームページ

索引

大人のための **地元再発見** シリーズ

Hyogo

兵庫の教科書

2023年1月15日初版印刷
2023年2月1日初版発行

編集人…田中美穂
発行人…盛崎宏行

●発行所
JTBパブリッシング
〒162-8446 東京都新宿区払方町25-5
編集☎03-6888-7860
販売☎03-6888-7893
https://jtbpublishing.co.jp/

●企画・編集
情報メディア編集部
内山弘美

●編集・執筆
エイジャ(小野正恵、笹沢隆徳、佐藤未来、新間健介)
ビッグアップル・プロデュース(中谷昌子、黒田裕子、西村 航、堀埜浩二)
桐生典子
木村嘉男

●歴史監修
河合 敦(多摩大学客員教授)

●写真・資料・編集協力
空撮 エアロ工房(尾関弘次)
Aflo
PIXTA
photolibrary
関係各施設・市町

●地図制作
アトリエ・プラン

●アートディレクション・表紙デザイン
川口デザイン 川口繁治郎

●本文デザイン
川口デザイン
オフィス鐵

●印刷
佐川印刷

お出かけ情報満載『るるぶ&more』
https://rurubu.jp/andmore/

●本書に掲載している歴史事項や年代、由来は諸説ある場合があります。
本書の中で登場する図版やイラストは、事柄の雰囲気を伝えるもので、
必ずしも厳密なものではありません。